霍丹——著

辽东古驿道
线性文化遗产整体保护研究

中国建筑工业出版社

图书在版编目（CIP）数据

辽东古驿道线性文化遗产整体保护研究 / 霍丹著
. —北京：中国建筑工业出版社，2023.7
ISBN 978-7-112-28825-0

Ⅰ.①辽… Ⅱ.①霍… Ⅲ.①辽东（历史地名）—古道—文化遗址—研究 Ⅳ.①K878.44

中国国家版本馆CIP数据核字（2023）第116084号

本书以文化遗产整体性保护相关理论为基础，以学科交叉方式，对辽东古驿道遗产内涵界定、系统筛选、价值评价和保护策略进行研究，尝试提出整体性保护再利用的系统理论和方法。本书适于城乡规划学、景观设计学、建筑遗产与保护、文化遗产保护领域学者，以及在校师生和从业人员参考阅读。

责任编辑：杨　晓
书籍设计：锋尚设计
责任校对：张　颖
校对整理：赵　菲

辽东古驿道线性文化遗产整体保护研究
霍　丹　著

*
中国建筑工业出版社出版、发行（北京海淀三里河路9号）
各地新华书店、建筑书店经销
北京锋尚制版有限公司制版
北京中科印刷有限公司印刷
*
开本：787毫米×1092毫米　1/16　印张：12¼　字数：224千字
2023年7月第一版　　2023年7月第一次印刷
定价：58.00元
ISBN 978-7-112-28825-0
（41142）

版权所有　翻印必究
如有内容及印装质量问题，请联系本社读者服务中心退换
电话：（010）58337283　QQ：2885381756
（地址：北京海淀三里河路9号中国建筑工业出版社604室　邮政编码：100037）

前言

伴随我国丝绸之路、京杭大运河成功申报世界遗产，大型跨区域线性文化遗产的保护与利用近年来逐渐成为新时代建构国土空间规划体系的重要内容。目前古驿道线性文化遗产主要以单体保护为主，线路整体因年代久远、自然侵蚀、快速城镇化影响，正面临路径断裂、破碎化的困境，以及遗产内涵认定、要素筛选与价值评估困难的问题，线路因涉及多地区多行政部门，缺乏整体统筹，遗产综合价值难以有效彰显，成为当前我国跨区域线性文化遗产在保护与利用方面亟待解决的问题。本书以文化遗产整体性保护相关理论为基础，以学科交叉方式，对辽东古驿道遗产内涵界定、系统筛选、价值评价和保护策略进行研究，尝试提出保护再利用的系统理论和方法。

首先，从整体性保护基础理论入手，以学科交叉方式进行本土化适应性分析和拓展研究，进而对辽东古驿道的保护层次和流程进行解构，提出适用于辽东古驿道保护再利用的多层次系统性的理论框架。引入文化线路视野，通过背景、历史溯源、形态特征、动态性及跨文化整体意义的分析，对辽东古驿道概念内涵进行科学界定。确认辽东古驿道历经两千四百年兴衰历程，形成了以辽中地区为核心枢纽，辽西走廊线、辽北平原线、辽东山地线、辽南陆海线为四大主线的方向性网状结构；明确辽东古驿道在区域路径、全域交通和国际性线路三个层次具有历史时期国家经略边疆的重要信息载体，沟通边域内外经济交往的商贸通道，民族迁徙与文化交融的重要途径，以及多元文明交流核心路径的重要功能；揭示了辽东古驿道作为"汉文化东传之路""东北亚之路"的深厚历史内涵和重大历史价值。以此为基础，建立了以邮驿功能为核心主题，军政经略、文明互惠、经济交往为衍生主题的辽东古驿道遗产主题体系描述模型。该模型结合动态性、专题性和环境相关三方面归纳遗产要素与线路之间的三种关联方式，以辽南海陆线为例对遗产要素进行收录，并对类型构成、历史时期和空间分布特征进行综合分析，取得了良好效果。

其次，为了能够有效鉴定与评估辽东古驿道及沿线遗产资源价值，在辽东古驿道及沿线遗产资源价值要素描述模型的基础上，建立了辽东古驿道多维综合价值评价体系。该体系将宏观和微观价值评价方法相结合，以定性分析结合定量分析为手段，对辽东古驿道进行评价。评价结果表明辽东古驿道遗产在国际、洲际、全国及区域性各层面均体现出最全面的多目标功能、多元文明互惠主题，以及地域独特性、典型性。

最后，根据辽东古驿道当前保护与发展现状实际问题，尝试提出了"共识、共保、共治、共享、共赢"的整体性保护目标，以及"遗产主导、真实性、整体性、灵活性、开放性"保护及再利用原则。从空间格局上，建立国土、区域、城镇聚落、历史地段和遗产本体五大层次的整体保护廊道与利用模式。提出从规划体系、管理平台、法律保障以及公众参与四个方面建立保护机制，以维护保障规划工作的实施过程，最后形成完整的辽东古驿道整体性保护体系。

目录

前言

第一章——导论

第一节　研究背景 / 002
　　一、快速城镇化背景下文化遗产保护面临的困境 / 002
　　二、世界文化遗产保护呈现区域化整体性新趋势 / 003
　　三、可持续发展背景下的实现文化强国梦的需求 / 004
　　四、"一带一路"战略下振兴东北经济重要内容 / 005

第二节　研究目的与意义 / 006
　　一、研究目的 / 006
　　二、研究意义 / 006

第三节　国内外相关工作研究进展 / 007
　　一、文化遗产整体保护研究综述 / 007
　　二、辽东古代驿道遗产研究综述 / 014

第四节　课题研究内容及方法 / 015
　　一、概念界定 / 015
　　二、研究内容 / 016
　　三、研究方法 / 017

第五节　研究框架 / 019

第二章——辽东古驿道遗产整体性保护理论框架

第一节　文化遗产整体性保护理论 / 022
　　一、世界文化遗产整体性保护理念的发展 / 022
　　二、线性文化遗产整体性保护基本概念与特征 / 024
　　三、整体性保护中国本土化思考 / 031

第二节　辽东古代驿路整体性保护研究的相关理论依据 / 032
　　一、人文地理学理论 / 032
　　二、系统评价学理论 / 033
　　三、遗产保护相关理论 / 033

第三节　中国邮驿文化遗产相关研究 / 035
　　一、中国邮驿文化遗产历史回顾 / 036
　　二、古代邮驿文化遗产内容构成 / 038
　　三、古代邮驿对城市建设的影响 / 039

第四节　辽东古驿道整体保护框架搭建 / 042
　　一、理论构建与关键问题 / 042
　　二、研究层次与研究流程 / 044

第五节　本章小结 / 045

第三章——文化线路视角下的辽东古驿道整体分析

第一节　辽东古驿道背景诠释 / 048
　　一、辽东古驿道区域背景 / 048
　　二、辽东古驿道区位特征 / 050

第二节　辽东古驿道历史演变分析 / 051
　　一、远古交通开拓中的辽东古道雏形 / 051
　　二、社会交通变迁中的辽东驿道沿革 / 051

第三节　辽东古驿道形态特征分析 / 058
　　一、辽东古驿道空间结构分析 / 058
　　二、辽东古驿道各线特征分析 / 060

第四节　辽东古驿道的动态性分析 / 065
　　一、驱动与维持 / 065
　　二、承继与互动 / 068
第五节　辽东古驿道文化线路的整体性分析 / 069
　　一、辽东古驿道作为整体的跨文化意义 / 069
　　二、辽东古驿道文化线路整体功能层次 / 070
　　三、辽东古驿道作为文化线路内涵阐释 / 073
第六节　本章小结 / 074

第四章——辽东古驿道文化遗产资源系统构成与整合

第一节　辽东古驿道文化遗产资源登录基础 / 076
　　一、辽东古驿道文化遗产资源登录界定 / 076
　　二、辽东地区遗产资源分布普查与验证 / 077
第二节　辽东古驿道文化遗产要素类型研究 / 078
　　一、驿道遗产登录研究现状 / 078
　　二、辽东古驿道主题的确立 / 080
　　三、驿道文化遗产类型划分 / 081
第三节　**遗产要素与辽东古驿道的关联性研究** / 082
　　一、遗产要素与辽东古驿道的动态性关联 / 082
　　二、遗产要素与辽东古驿道的专题性关联 / 083
　　三、遗产要素与辽东古驿道的环境关联 / 084
第四节　辽南海陆线古驿道文化遗产要素构成 / 085
　　一、邮驿功能主题相关遗产要素 / 085
　　二、衍生功能主题相关遗产要素 / 097
　　三、古驿道非物质文化遗产要素 / 100
第五节　辽南海陆线文化遗产构成特征分析 / 101
　　一、辽南海陆线驿道遗产要素综合构成分析 / 101
　　二、辽南海陆线驿道遗产要素构成特征分析 / 103
第六节　本章小结 / 104

第五章——辽东古驿道文化遗产价值认知与综合评估

第一节　辽东古驿道文化遗产特征与评估基础 / 106
　　一、辽东古驿道遗产特征研究 / 106
　　二、古驿道遗产价值评价基础 / 109

第二节　辽东古驿道文化遗产多维价值构成 / 111
　　一、辽东古驿道遗产价值构成 / 112
　　二、辽东古驿道遗产价值解析 / 113

第三节　辽东古驿道文化遗产多维价值综合评价体系 / 117
　　一、辽东古驿道遗产的评价方法引入 / 117
　　二、辽东古驿道遗产的评价实施过程 / 118

第四节　辽东古驿道文化遗产多维价值综合评价应用 / 125
　　一、辽东古驿道物质文化遗产价值综合评价 / 125
　　二、辽东古驿道非物质文化遗产价值综合评价 / 127
　　三、辽东古驿道遗产整体价值评价 / 128

第五节　本章小结 / 136

第六章——辽东古驿道整体性保护廊道构建策略

第一节　辽东古驿道整体保护困境与原则 / 140
　　一、辽东古驿道整体保护的困境 / 140
　　二、辽东古驿道整体保护的目标 / 141
　　三、辽东古驿道整体保护的原则 / 142

第二节　辽东古驿道整体性保护的层次与空间构成 / 144
　　一、多元文化时空叠合的整体保护层次 / 144
　　二、多样功能系统整合的廊道空间构成 / 146

第三节　多级国土空间联动的辽东古驿道整体空间格局 / 146
　　一、国土视阈线性文化遗产网络建构 / 147
　　二、区域尺度遗产廊道网络构建 / 150
　　三、驿道城镇聚落保护格局建构 / 155
　　四、驿道沿线城镇历史地段保护 / 156

五、驿道沿线文化遗产单体保护 / 157

第四节　多目标统筹协同的辽东古驿道整体性保护机制 / 158

　　　一、建设多层次遗产保护规划体系 / 158

　　　二、构建多方协作的管理发展平台 / 159

　　　三、完善遗产的法律法规保障体系 / 160

　　　四、强化公众参与机制与良性互动 / 161

第五节　本章小结 / 164

第七章——结论与展望

附录A　辽东古驿道物质遗产综合评价权重打分统计表 / 168

附录B　辽东古驿道非物质遗产综合评价权重打分统计表 / 171

附录C　辽东古驿道物质文化遗产综合打分评价表 / 174

附录D　辽东古驿道非物质文化遗产综合打分评价表 / 177

参考文献 / 180

第一章

导论

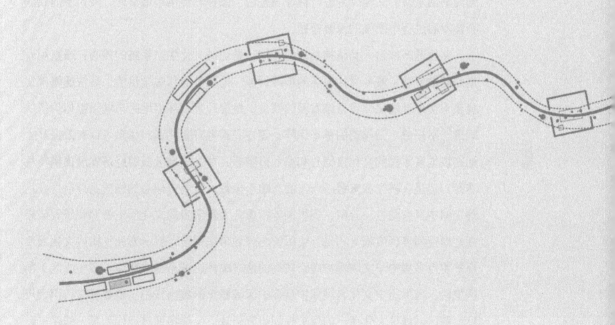

第一节
研究背景

一、快速城镇化背景下文化遗产保护面临的困境

伴随改革开放四十多年快速城镇化进程，中国城市经济、社会、文化各方面取得了跨越式的发展。然而，在推动城镇建设发展的同时，对滋养历史文脉的地域文化生态系统也产生了极大的侵扰。城乡文化景观逐渐呈现破碎化、孤岛化，历史城镇商业化、空心化明显，克隆化普遍，人们在全球经济化浪潮中逐渐失去了故乡记忆的连续性和文化根基的认同感、归属感。目前，中国的城镇化进程即将进入新的历史阶段，如何能将散落在原始田野间、退隐在混凝土缝隙中的那些曾经熠熠生辉的文明碎片进行梳理与整合，保护与传承地域文化，成为当前我国城镇发展过程中面临的重要课题。

文化遗产作为人类精神活动的载体，是地域文化生态系统的核心，最直观亦最深刻地反映了城乡文化景观的精神价值、伦理价值和美学价值，是快速城镇化背景下实现地域文化可持续发展的根基，是提升宜居环境地区与城镇整体价值认同感、幸福感、归属感的基本保障。建立完善地方文化遗产体系可以有效提升生活在该地区居民的文化自信心和家乡自豪感，并为该地区城镇经济发展提供特色途径。但是，就当前来看，一方面，由于承载人文历史信息的物质遗存自身在地理空间中具有隐性、分散、弱相关等特质，大量宝贵的文化历史资源和研究成果在地理空间显现度极为不足，给保护与规划带来困难。另一方面，国内文化遗产保护重点多集中于文物保护级别较高的遗产单体、城市建成环境（或中心区）街区地段。虽然历史文化名城保护及保护区等概念的提出作出了重要补充，但大尺度、跨区域线性文化遗产的保护规划研究仍缺乏。许多遗产点作为某一线路主题整体价值极为重要的物证，却因其单体价值并不突出、文保级别不够或未及时评定级别，缺乏重视而损坏、消失。因此，文化遗产保护规划应实现两方面转变：一是历史文化资源由分散隔离到集中联通；二是文化遗产体系关注点由建成区封闭的历史遗产单体转向更为广阔的区域、省际甚至洲际范畴。这一范畴从区域统筹发展的视角出发，通过建立不同国土空间层次关联的遗产系统来规划，将更大范畴的文化历史、自然生态、山川水系、交通规划、经济产业、城镇乡村格局等资源要素，作为改善文化生态系统的积极因素纳入发展规划中。突破原有城镇街

区文保系统行政区划和管辖权的概念，构建城乡一体的文化遗产系统，是改善城乡整体文化生态环境、实现旅游经济效益最大化的有效途径，从而达到优化城镇历史文化资源、维护自然生态环境和推动地区合作发展的目的。在我国快速城镇化发展的背景下，如何在国土空间规划体系下发挥线性跨区域文化遗产保护利用的重要作用，亟待我们进行更深入的探索。

二、世界文化遗产保护呈现区域化整体性新趋势

经过数百年思想演变，伴随国际社会对文化遗产认知的不断加深，保护方法呈现出区域化整体性发展新趋势。在联合国教科文组织的推动下，自20世纪60、70年代开始，西方对于文化遗产整体性保护的探讨在世界范围内陆续开展，至20世纪90年代后进入系统深化研究时期。文化遗产"保护目的从对古物的收藏，拓展到集保护、研究和教育于一体的综合目标；保护对象从可供人欣赏的艺术品，到各种文化遗址和历史建筑，再扩展到历史街区、历史城镇以及独具文化特色的历史性城市；保护范围也从物质文化遗产扩展至非物质文化遗产以及相互联系生成的文化景观、文化空间。"[1]"国际遗产保护领域研究的热点呈现一种新的态势，由重视静态遗产向同时重视活态遗产方向发展；由重视单体遗产向同时重视群体遗产方向发展……"[2]文化遗产区域化整体性保护思想在世界范围内逐渐产生，各国在大型跨区域线性文化遗产本土保护实践中取得阶段性成果。欧洲文化线路、美国国家遗产廊道（区域）等模式，经过几十年循序渐进的探索，不仅日趋成熟，而其积累的实践经验对国际文化遗产保护体系的完善和未来发展方向产生了重要影响（图1-1）。

图1-1 遗产保护领域呈现从单体至区域化整体性发展趋势

欧洲文化线路保护体系侧重利用共同主题遗产推动地区对话与交流、维系社会可持续发展，其与隶属美国国家公园体系的遗产廊道规划实践，共同促进了国际文化遗产整体性保护理论体系发展。欧洲文化线路直接推动了世界遗产委员会对文化线路遗产类型的认可，带动世界各国纷纷保护本国遗产线路。自1993年圣地亚哥朝圣之路西班牙段登录《世界遗产名录》后，日本纪伊山脉胜地和朝圣之

路、以色列香料之路、印加之路等相继成为世界遗产。美国遗产廊道以遗产保护、自然生态维护与地区经济振兴三者并举的区域化综合性战略方法则为大型跨区域线性文化遗产的规划管理和开发提供了有益借鉴。1984年美国议会批准建立美国第一条国家遗产廊道。截至2015年，美国已有49个遗产区域，包含8条遗产廊道。依托拥有重要历史文化资源集合的线性景观，在保护生态资源的同时更积极带动历史线路环境周边城镇文化、旅游经济发展与环境改善的战略，不仅已成为国际范围内公认的线性文化遗产保护有效途径，也成为当下重塑人地关系和谐、振兴地区经济、实现文化可持续发展的新方法。

紧随国际遗产保护的新形势，国内的遗产保护领域对于遗产整体性保护的认识不断地发展。从"大遗址""线性文化遗产"等保护理念的提出，到京杭大运河、丝绸之路：长安—天山廊道的路网，交通运输类型文化线路申遗的成功，国内越来越注重文化遗产整体价值的发掘。近年来，国内大型跨区域线性文化遗产的保护与利用逐渐成为新时代建构国土空间规划体系的重要内容，并且已经上升为国家发展战略。目前，我国遗产保护层次主要由文物保护单位、历史文化街区和历史文化名城构成，对于横跨省际、国际、洲际大型遗产尚缺乏有针对性的保护层次，反映出了大型跨区域线性文化遗产整体性保护研究的迟滞。古驿道类型线性文化遗产主要以单体、单段保护为主，线路整体因年代久远、自然侵蚀、快速城镇化影响正面临路径断裂、破碎化等困境，线路自身复杂巨系统特性给遗产内涵认定、要素筛选与价值评估带来困难，因涉及多地区多行政部门，缺乏整体统筹，使得线性文化遗产综合价值难以有效彰显。因此，亟需在国际视野中结合我国国情寻找突破的途径。

三、可持续发展背景下的实现文化强国梦的需求

自20世纪70年代《保护世界自然与文化遗产公约》签署，在联合国教科文组织的引领下，世界自然与文化遗产保护运动在全球范围内取得了日新月异的发展。文化景观概念自1925年提出，已成为世界遗产的一种特殊类型，反映出世界遗产保护运动已呈现出遗产资源综合化、遗产价值认识多元化等趋势，标志着以人地关系为核心的可持续发展问题已成为当前人类社会进步的核心议题。

习近平总书记指出，"提高国家文化软实力，要努力展示中华文化独特魅力"，"要系统梳理传统文化资源，让收藏在禁宫里的文物、陈列在广阔大地上的遗产、书写在古籍里的文字都活起来"，"要坚定文化自信，推动社会主义文

化繁荣兴盛"。[3]2019年"亚洲文明大会"上，习近平主席倡导的文明交流互鉴和构建亚洲命运共同体、构建人类命运共同体等重要理念，是我国为推动人类文明进步和世界和平作出的又一重大贡献，为未来促进亚洲协作互信，激发亚洲创新活力指明了前进方向。伴随我国对文化建设规律的认识越来越全面、越来越深刻，我国文化遗产事业发展已经进入新的发展阶段，文化遗产的保护、规划和发展在各个领域亟待拓展新的方式。大尺度区域整体性保护规划可以将沉睡在历史文献中、散落在祖国大地上的文化遗产资源挖掘活化，重新梳理，加强遗产之间的历史关联，并解决各不同级别遗产资源结构性的松散及缺失问题，提升居民的文化自豪感和归属感，促进人居环境基础设施的整体改善，从而实现地区经济振兴以及地域自然与文化的可持续发展，这对于当代中国解困全球化、快速城镇化所带来的民族文化认同和人地关系危机甚为重要。

四、"一带一路"战略下振兴东北经济重要内容

在"一带一路"战略思想引导下，"振兴东北"重大政策背景下，"自2003年中共中央和国务院实施振兴东北地区等老工业基地战略以来，辽宁地区的转型升级取得了阶段性成果。"[4]《中共中央国务院关于全面振兴东北地区等老工业基地的若干意见》于2016年4月26日发布，指出"当前和今后一个时期是推进老工业基地全面振兴的关键时期，这意味着东北老工业基地迎来新一轮振兴发展的机遇，辽宁的改革创新和转型升级也再次得到来自国家层面的支持"[5]。辽宁省作为新中国长子，不仅是中国历史悠久的老工业基地，更是中华民族和中华文明的重要发源地之一，拥有2万多项丰富的物质及非物质文化遗产资源。因此，如何挖掘利用好辽宁省的历史文化资源，梳理东北历史悠久的文化脉络，尤其是将东北三省共同联系起来的有共同主题的大型跨区域线性遗产资源，再次承担其历史上东北与中原地区、东北与东北亚地区之间的文化、政治、经济交流发展的重任，改善城乡基础设施，创造宜居的环境，助力东北地区的全面振兴，成为关系当前辽宁经济社会发展的重要问题。

目前，辽宁省正进入一个注重地域人文特色传承、风景资源开发与经济可持续增长齐头并进的新时期。针对辽宁省文化线路类型遗产资源的梳理挖掘以及区域整体性保护研究，以优秀的历史文化遗产资源为依托，以改善人居环境及基础设施、实现历史城镇的复兴为契机发展旅游业，将为实现东北文化旅游经济发展战略规划以及东北亚地区旅游合作提供重要的研究样板。

第二节
研究目的与意义

一、研究目的

大型跨区域线性文化遗产整体保护利用在当前国土空间规划体系更新构建过程中面临错综复杂的问题与挑战。路径断裂，遗产破碎化，内涵界定、要素整合与价值评估困难，整体缺乏统筹规划等突出问题亟待解决，这些问题涉及的学科和研究领域多元交叉。本书以解决实际问题和需求为导向，聚焦问题较为突出的辽东古驿道，在文化遗产整体性保护理论视阈中，采用遗产保护学、建筑学、城乡规划学、人文地理学、景观生态学多学科综合交叉的方式，旨在厘清古驿道大型跨区域线性文化遗产与多层级国土空间环境之间的契合途径，在此基础上从理论和方法着手，提出适用于我国古驿道文化遗产保护利用的系统性保护理论框架、规划策略和保障机制。

二、研究意义

本书在文化遗产整体性保护视角下，对辽东地区古驿道内涵界定、系统筛选、价值评价及保护利用策略进行研究。其研究成果能够促进全面了解我国大型线性文化遗产资源与国土空间规划建设的关系，能够对辽宁及东北地区社会经济发展起到指导作用，能够为我国东疆地域文化战略实施与东北亚区域合作发展路径开拓提供新视角，具体体现在理论价值及现实意义两个层面。

1. 理论价值

在国际遗产保护领域、城乡规划学与建筑学遗产保护领域，经过几十年循序渐进的探索，大型跨区域线性文化遗产整体性保护理念在世界范围内得到广泛的认同与传播。国际遗产整体性保护理论为我国大型跨地区线性文化遗产的保护利用提供了基本的方向。但由于我国较之欧美国家地域广阔、历史积淀深厚，线性文化遗产资源丰富、类型独特多元、遗存情况复杂，因此，西方各国文化遗产整体性保护理念在应对我国线性文化遗产纷繁复杂的保护问题时缺乏针对性。我国大型线性文化遗产保护在具体层面如何与世界文化遗产保护理念接轨，如何将遗产保护理念与我国国土空间规划现实相结合从而实现有效保护利用，缺乏系统性的回答。

本书的理论意义在于面对亚洲文明古国大型跨区域线性文化遗产保护发展的实际需求，结合中国具体国情综合应用国际遗产保护理论模式进行本土化拓展与深化，建立更为精准的"以古驿道文化线路遗产为导向的多级国土空间保护与规划发展策略"，使古驿道文化线路遗产系统保护工作在城镇快速更新发展过程中获得具有针对性和前瞻性的理论指导，实现古驿道沿线跨越国家、地区、乡镇社会文化经济整体振兴与可持续发展。

2. 现实意义

（1）有利于推动辽东古驿道文化遗产活化利用与活力激发

有利于在快速城镇化的背景下，将辽东古驿道沿线大量有价值的文化遗产资源、遗产环境与居民对城镇公共空间多层次需求相契合，营造连续的文化性的活动场所，促进遗产在当下积极生活方式中活化发展。通过历史文化线索发掘与梳理文化遗产，不仅有利于单一遗产点活力的激发，也带动沿线遗产区域活力的流动，对实现地域文化的永续弘扬与传承具有重要意义。

（2）有利于促进辽东古驿道沿线城乡一体化整合统筹发展

有利于在全面认识辽宁及东北地区古代线性文化遗产的内容、价值的基础上，促进驿道沿线城乡统筹发展、改善沿线居民生活生产方式、推动城乡建设和经济建设，有效解决遗产保护与经济开发之间的矛盾。

（3）有利于实现东北及东北亚地区区域文化经济发展共赢

对辽东古驿道进行整体性保护研究有利于增强东北地区文化软实力，有利于"一带一路"国家战略下，助力驿道沿线历史城镇、古村落发展建设，实现经济振兴与文化可持续发展，对"推动亚洲文明对话，深化文明交流互鉴"，共建亚洲命运共同体，具有重要的社会意义和现实意义。

第三节
国内外相关工作研究进展

一、文化遗产整体保护研究综述

经过多年探索，世界各国和地区对于大型线性文化遗产整体保护研究形成众多先进理念。其中最有影响力的是欧洲文化线路和美国国家遗产廊道两大理念。

他们的实践经验对线性文化遗产整体保护理论体系的建立与验证产生了积极的影响。下面主要针对"文化线路""遗产廊道"两方面研究进行综述。

1."文化线路"保护研究

（1）国外研究

国外推进文化线路保护研究的国际机构主要有联合国教科文组织、联合国发展计划署、世界遗产委员会、世界遗产委员会专业咨询机构国际古迹遗址理事会、文化线路科技委员会以及欧洲文化线路委员会。在这些机构的共同倡导与努力下，自20世纪60、70年代萌芽至今，文化线路的理论研究和实践探索已跨越两个世纪历时二十余年。研究内容主要集中于文化线路遗产概念内涵外延的界定、辨析、扩充和文化线路遗产保护管理、旅游发展主题两大方面。总体呈现出以国际会议纲领文件、项目研讨为主，侧重各国申遗实际案例和线路保护实践的特征。

世界首个文化线路圣地亚哥·德·卡姆波斯特拉朝圣路于1993年被列为世界遗产后，自1994年至2009年间国际机构召开的十次科学会议，逐步深化完善了文化线路的理论体系。学者主要结合各国家与地区有代表性的具体文化线路，从线路发展、特征等方面，对照文化线路遗产评定标准进行分析及界定"文化线路"概念。2002年，西班牙马德里ICOMOS第十三届大会，以及同时召开的文化线路科技委员会国际研讨会，通过的《马德里会议考虑及建议》明确了"文化线路与文化景观在概念与本质上的独立性"。会议文件认为："文化线路和文化景观是不同的科学概念。尽管文化景观也会随着时间变更而发展变化，但它受到自然因素的制约要比文化线路更多。文化线路比文化景观更具有流动性，一条文化线路中通常会包含很多不同的文化景观，而反之则不然。"[6]2001年西班牙国际研讨会提出的《纳瓦拉结论》[7]认为文化线路中的无形要素是有价值的，其保护与管理应与有形要素整合，而且对无形要素的价值评估应在文化和旅游资源方面深入研究。2008年颁布的《文化线路宪章》[8]，对文化线路的定义、特征、价值评估和遗产认定等理论核心内容进行了最终确认。其中明确了文化线路的主要保护对象必须兼具物质与非物质遗产两种要素。物质遗产要素包括线路本身和与线路历史功能相关的物质遗产，决定并见证了交流线路本身的存在，而非物质遗产要素赋予文化线路整体文化意义，体现线路上文化的流动。这也是文化线路遗产区别于其他遗产类型的重要特征。

与文化线路概念研究同时展开研讨的是文化线路遗产保护规划、管理与旅游发展主题。Lousi NG[9]认为应建立国际上和区域间的保护管理数据平台以实现长期有效的整体管理。Albert Martorellc[10]以西班牙圣地亚哥朝圣之路管理规划为例,探讨以线路价值为出发点的整体性遗产管理或保护规划编制。Assi Eman[11]认为国家层面上应设立专项法律框架,编制整体性保护规划文件,对文化线路跨区域特征采取有针对性的保护和管理。Kunie Sugio[12]认为应成立专门的国际机构管理跨国文化线路,各国专家共同完成制定线路途经各段管理规划。世界遗产亚太地区项目专家Jing Feng[13]认为对于文化线路遗产管理,国家顶层管理机构应在法律框架下定期给予线路沿线遗产地研究机构或管理机构指导和监督,即地方与国家相结合。Sutthitham Thada[14]提供了生态文化规划管理思路,对线路进行生态要素、物质要素和文化要素三个层面规划。Guy Masson[15]认为应建立价值、公益、理解、尊重、整体性五项文化资源保护原则,实现以遗产价值为基础的编制保护管理规划,并对线路的地貌等自然环境、自然休憩点与线路延伸的关系在线路可持续利用方面予以关注。总体来看,各国专家对穿越多国多地区文化线路遗产,建立除地方单体遗产地管理体制外的跨地区国际长期协作的整体性保护规划战略基本达成了共识。

(2)国内研究

国内文化线路研究紧随国际遗产保护新形式取得了迅速的发展。2005年,在我国西安召开的国际古迹遗址理事会第15届大会颁布的《文化线路宪章》草案,不仅是国际文化线路研究迈向正轨的主要标志,也促进了国内遗产保护领域以及相关领域众多专家和学者对文化线路开展持久而深入的研究。2009年,在无锡召开的以"文化线路遗产的科学保护"为主旨的第四届"中国文化遗产保护无锡论坛",形成了《关于文化线路遗产保护的无锡倡议》[16],为国内文化线路保护提供了良好的基础。2011年清华大学吕舟团队在《文化线路申报世界遗产研究》[17]课题报告中,在对文化线路的定义阐释、概念发展、申报世界遗产的价值评估和认定进行分析后,提出了中国"文化线路"遗产类型申遗策略、价值评估和保护等方面的总体路径。2014年,中国在大型跨区域线性遗产保护方面取得巨大成就——京杭大运河和丝绸之路成功申报为世界文化遗产。中国文物古迹保护准则历时4年于2015年完成修订,增补了文化线路、文化景观、遗产运河等类型,反映了中国遗产保护领域与国际接轨的高效步伐。在这样的背景下,自2005年至2018年,对"文化线路"主题进行中国知网(CNKI)文献检索并结合出版物进行筛选,得出高相关性学术研究主要有176项,其中博士论文6篇,硕士论文25篇。从这些研究中可知,我国文化线路研究主要在以下两方面展开。

一方面,全面系统地整理介绍国际文化线路研究的概念发展、定义、价值特征相关国际文献。于伟、俞孔坚在《世界文化遗产保护的新动向——文化线路》[18]中首次介绍了文化线路理论的发展历程、概念定义和特征，并对文化线路与遗产廊道概念进行了比较，结合中国文化遗产保护进行了思考；吕舟在《文化线路构建文化遗产保护网络》[19]中介绍了文化线路发展的背景以及文化线路保护将对国际遗产保护产生的重大影响；单霁翔发表《关注新型文化遗产——文化线路遗产的保护》[20]，回顾"文化线路"概念的形成和发展，具体指出我国文化线路遗产的特点以及进行保护的时代意义，并提出四点保护措施；王景慧在《文化线路的保护规划方法》[21]中介绍了"文化线路"概念的内涵、特点、内容和价值，在此基础上，提出"文化线路"保护规划的标准和思路；王建波、阮仪三在文章《作为遗产类型的文化线路〈文化线路宪章〉的解读》[22]中对《文化线路宪章》进行全面解读；丁援翻译了《国际古迹遗址理事会文化线路宪章》[23]，并在《无形文化线路理论研究》[24]《文化线路——有形与无形之间》[25]一系列文章和著作中系统阐述了文化线路概念的产生与发展过程，进而提出新的"文化线路"概念的意义；杜晓帆在《愿望与挑战——从世界遗产的视点看文化线路的真实性和完整性》[26]中对文化线路的真实性和完整性进行全面理解和研究；刘科彬的《世界文化线路遗产特征与价值研究》[27]在阐述世界文化线路遗产要素和判定指标的基础上，结合13项世界文化线路遗产及32项欧洲文化线路遗产对世界文化线路的空间分布、主题类型划分进行探讨；张松、缪洁的《文化线路保护的区域性策略探讨》[28]从文化线路的诞生背景和基本概念入手，总结法国、美国和日本的区域性保护经验，结合京杭大运河实际探讨我国文化线路区域性保护的策略和措施；郭璇、杨浩祥的《文化线路的概念比较——UNESCO WHC、ICOMOS、EICR相关理念的不同》[29]，王晶的《文化线路申报世界遗产的探讨》[30]，王丽萍的《文化线路：理论演进、内容体系与研究意义》[31]，姚雅欣的《"文化线路"的多维度内涵》[32]，杨坷坷的《文化线路遗产价值评价特性分析》[33]等文章，则从不同层面对文化线路的理论演进、内容体系、多维内涵、保护方法、价值特征进行了分析。这些学者的研究工作为中国文化线路理论与实践的开启及持续发展打下良好基础。

另一方面，为文化线路理论引入中国本土线性文化遗产理论探讨，线路资源梳理、保护应用与管理的研究。我国历史悠久，文化线路资源丰富，学者纷纷对国内文化线路资源开展了不同地区、不同特征、不同类型的实际案例分析探讨。丁援的《中国文化线路遗产》[34]对中国历史上十条重要文化线路进行了总体分析；戴湘毅的《中国文化线路的现状、特征及发展对策研究》[35]提出系统调查和细分研究、重视遥感监测技术应用等中国文化线路的发展对策；阮仪三、丁援在《价值评估、文化线路和大运河保护》[36]中建立大运河作为文化线路的价值评估框架；周剑虹的《文化线路保护管理研究》[37]以丝绸之路"申遗"研究为切入点，认为应结合文化线路多样性和动态性特征，从时间、空间和遗产功能三方面对文化线路遗产完成价值评估，提出解决遗产遴选、保护管理和可持续发展等问题的有效途径和方法，为保护管理研究提供参考。除此之外，众多学者以文化线路视角对茶马古道、蜀道、川盐古道、万里茶道、南粤古道等文化线路展开研究并发表众多的研究成果。实际通过文献筛选分析可知国内各领域关于文化线路保护的核心研究为124项，其中各主题陆路交通线路保护规划研究多达72项，是国内研究的重点关注。其中以丝绸之路18项研究为最多，其次为茶马古道、蜀道、万里茶道、川盐古道等，如图1-2所示。其中，建筑科学与工程学科东北地区文化线路保护成果仅3项，且均为中东铁路沿线工业遗产研究，东北古代线性文化遗产保护规划研究几乎为空白，所以这也是本书对辽东古驿道整体性保护开展研究工作的重要原因。

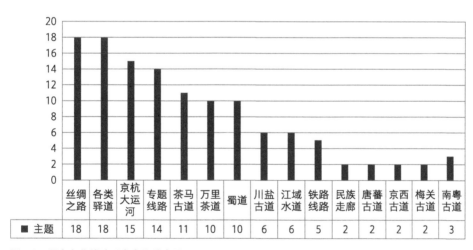

图1-2 国内文化线路研究主题分布图

2. 遗产廊道保护研究

自2001年王志芳[38]引入遗产廊道理论之后，国内十几年来对于遗产廊道的研究进行了多领域积极的探索。本书对于知网主题为"遗产廊道"的文献进行检索并筛选，整理出166项主要研究成果。其中建筑科学与工程学科112项，其次是旅游规划42项，历史考古及人文地理等12项。从研究内容来看，遗产廊道理论本土实践应用层面的研究最多，其次为国外理论及案例介绍。

在国外理论及案例介绍方面，奚雪松的《美国伊利运河国家遗产廊道的保护与可持续利用方法及其启示》[39]从自然资源保护、历史与文化资源保护、慢行游憩系统完善、解说系统构建、市场与营销策略以及管理体系等六个方面对美国伊利运河国家遗产廊道的保护与管理方法进行了阐述,并对大运河遗产廊道保护及利用提出了建议;龚道德、张青萍的《美国国家遗产廊道(区域)模式溯源及其启示》[40]、《美国国家遗产廊道的动态管理对中国大运河保护与管理的启示》[41]、《美国运河国家遗产廊道模式运作机理剖析及其对我国大型线性文化遗产保护与发展的启示》[42]等一系列文章介绍了该模式的概况,然后详细梳理了该模式出现的时代背景、原因、重要相关事件与时间节点,剖析了美国国家遗产廊道管理模式的动态性特征,并指出了它对中国大运河动态保护与管理的借鉴意义;梁洁[43]272、张定青[44]70、张镒[45]166、高晨旭[46]101等人分析总结了我国遗产廊道研究的进展。

关于遗产廊道本土实践应用内容,从数量统计来看,以历史水系类研究50项为最多,古道类34项次之,其中丝绸之路、茶马古道最多,其余为铁路工业遗产、长城、长征线路等,如图1-3所示。其中京杭大运河沿线各类型遗产廊道研究较为深入,如李伟、俞孔坚[47]提出了大运河遗产廊道保护的整体理论架构;朱强[48]结合我国工业遗产形成背景,构建了运河工业遗产廊道,完成了沿运工业遗产登录;俞孔坚、奚雪松[49]引入发生学,进行了沿运水利工程遗产廊道研究;王建国、杨俊宴[50]则以京杭大运河杭州段为例,探讨了在历史廊道地区总体城市设计的基本原理与方法探索,建立了沿运古代历史文化全息系统。还有诸多学者,如王思思[51]、陈伯超、王肖宇[52]、王丽萍[53]、李博[54]等在研究遗产廊道要素登录方法探索方面作出了贡献。目前我国遗产廊道研究,集中于某一类型实际案例,以主题构建、价值评价以及旅游开发等角度为主。总体研究体现了从线性文化遗产沿线某一遗产类型入手进行分层建构的过程。从研究区域分布来看,东北地区的线性文化遗产廊道的建构依然是最少且集中于近代中东铁路研究。无

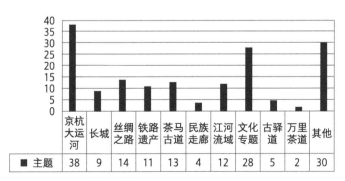

图1-3 国内遗产廊道研究主题分布图

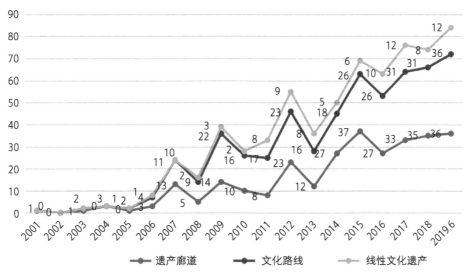

图1-4 国内遗产廊道、文化线路与线性文化遗产研究趋势

论国内还是东北地区，对古道类线性遗产廊道规划的研究展开尚未深入，亟待拓展。

综上所述，从文化线路与遗产廊道的研究成果统计及趋势来看，国内研究成果数量虽有起伏但整体呈逐年上升态势，逐渐成为建筑学、规划学、遗产保护学、旅游学、景观学和考古学界主要共同关注的焦点。尤其在2014年中国大运河及丝绸之路申遗成功前后，研究成果数量呈现小高峰，如图1-4所示。首先，多学科综合研究共同发展已成为文化遗产整体性保护的重要趋势。随着遗产保护领域认知的不断发展，保护理念已经突破原有孤立的研究边界，从单一的文物保护转向遗产整体价值的关注。文化线路、文化景观等综合性新类型遗产概念的不断建立表明遗产保护已成为一项复杂的社会系统工程。其次，古驿道类型是当前文化线路研究的重要组成。古驿道研究涉及线路历史演变、线路价值评述、沿线建筑遗产、聚落遗产保护等内容。但是，对整体性保护模式尚缺少完整系统的解读，对古代驿道遗产资源构成等方面的整体性理念保护还没有完全打开。再次，国内已有研究侧重于国外理论引进、概念辨析、案例介绍和借助欧美理念进行中国具体实践的建议性讨论，研究具有一定广度，但不够深入。最后，由于我国地域广大，古代驿道遗产环境差异较大，遗存类型丰富多元、数量庞杂，因此，需要将国际遗产保护的先进理念和我国具体国情结合，探索适合的保护路径。

我国关于大型线性跨地区文化遗产整体性保护的理论研究正处于起步并逐步走向快速发展阶段，多数专家学者已认识到文化遗产保护对促进社会经济发展的作用和意义。我国各地区对各自拥有的古代驿道遗产保护进行了大量有益实践，但是对古驿道的整体认识和规划利用仍然处于探索阶段。目前针对东北地区及连接各遗产点的历史线路型文化遗产保护研究仍为空白。随着遗产保护的整体性、综合化、系统化发展，古代驿道遗产内涵、特征、价值需要得到更加充分的阐释，在多维尺度进行更为深入的研究考量。

二、辽东古代驿道遗产研究综述

"邮驿在我国已有3000年的历史，被看作是我国古代文明的'国脉'，对社会进步与稳定有着极其深远的影响"[1]，是我国重要的大型线性文化遗产类型。国内各领域学者对古代邮驿发展史已开展了近40年的研究，在古代交通历史、邮驿通史、断代性邮驿历史、区域性邮驿发展等各方面均取得了丰硕的成果。在此基础上，辽东地区的古代驿路研究内容主要集中于辽东地区古代交通史以及历史时期驿道驿站沿革、体系功能研究。如王绵厚、朴文英的《中国东北及东北亚古代交通史》[55]；王绵厚、李健才的《东北古代交通》[56]凝结了30余年东北地区文献记载和考古发现成果，全方位反映了东北亚地区古代交通历史的全貌，其内容除交通路线和交通史迹外，更详细介绍了城市建置、交通工具、交通文化、聘使往来等专项内容；李健才的《明代东北驿站考》[57]对明代东北边疆开原以北的各条驿路、驿站分布进行了研究；杨正泰的《明代驿站考》[58]介绍了明代驿站的内容，涉及的范围十分广泛，对于我们研究明代辽东地区驿站有很大的指导和借鉴意义；杨旸的《明代辽东都司》[59]，全面介绍了明朝在辽东都司的统治下辽东地区驿站的设立、管理、任务等方面状况；时仁达的《明代辽东驿递的日常运作与演变》[60]一文通过与关内对比论述了辽东地区的驿递系统的设置、发展过程；刘文鹏的《论清代东北驿站功能的发展》[61]详细阐述了清代东北驿站的设置、发展状况及基础功能，并特别指出东北的驿站防御沙俄及经济发展重要作用；史曦禹的《明代辽东地区驿站研究》[62]介绍了明朝统一东北后，在辽东地区建立的辽东都司统治下，以辽阳为中心设立的4条陆路交通线各交通驿站的设置、组织与管理、主要职能。

综上所述，东北历史学者们对辽东地区古代交通、驿道开设、驿站分布、发展变化、管理机制、运行组织、功能等内容进行了全面深入的历史资料深耕，还原了历代政府对辽东驿站的管理模式，也探析了辽东驿站设置对当时社会政治、经济、军事及民族融合的影响，提供了全面审视古代驿道遗产历史发展的途径，为辽东古代驿道文化遗产的保护奠定了坚实的研究基础。从现有的研究状况来看，已有对辽东古驿道的研究成果中，主要侧重历史考古视角，很少把辽东古驿道作为文化遗产进行保护规划和再利用的综合研究。特别是以文化线路的视点出发，剖析辽东古驿道及其沿线遗迹的形成与演变特征，从大尺度层面多层次、多维度研究其构成、类型、价值评价等角度的研究至今鲜见。因此，辽东古代驿道遗产保护规划研究存在很大盲点，也存在诸多挑战。许多驿道沿线存在于历史文献中的遗址因历史身份不明确未列入文物保护单位，需要现场确认，多数沿线驿站城镇或低等级遗址已经无从考证，由于年代久远的资料缺失也带来了实际调研困难。加之人们保护意识匮乏，导致辽东驿道沿线的多数古代遗产遭受破坏、蚕食而消失。这些挑战也显示出了立足学科交叉开展辽东古代驿道遗产保护的紧迫性。

第四节
课题研究内容及方法

一、概念界定

辽东："辽东"一词作为地名，最早出现在我国古代文献《管子·地数》之"齐有渠展之盐，燕有辽东之煮"，历经两千多年的历史变迁，广泛使用于古今历史典籍、奏文、碑刻、诗文中，其内涵外延不断拓展并影响至今。从地域范围来看，最早由于战国时期人们普遍认为东北部为"九州"最远的地方，"辽东"是古人以中原地区为坐标参考根据方位而形成的特定指代，在早期没有明确的疆土边界，是广义的辽远的东方之地的地域名词。[63][64]后来在历朝历代的政权更迭中，"辽东"从最初自然地理区位概念，发展至地方行政区名、军镇名等。[65]明代则将东北的南部地区统称为辽东。总体来看，因行政建置所辖区域范围的边界存在大幅动态变化，古辽东核心区域基本全部覆盖今辽宁省全境。故本书所定义的"辽东"地域范围限定为今天的辽宁省省域。实际上，通过大量历史文献考证，无论是古代还是现代，今日辽宁地区一直是东北及东北亚区域整体交通发展的前沿地带和核心交通枢纽，在人类文明交流方面显示出了稳定的鲜明的历史承继关系和深厚积淀。

古驿道："是中国古代国家为政治、军事、财政需要，从中央向各地传递谕令、公文、官员往来、运输物资而开辟的道路，并在沿途设有驿站，配备驿卒、驿马、驿船等设施，提供易换马匹、暂住服务的地方。"[66]古驿道是我国古代邮驿体系的重要组成部分。"邮驿不仅是历代封建王朝的御用通信工具，而且也是有组织管理、有计划部署的官方主管部门，同时还兼具部分民间通信职能。'烽燧''驿道''驿站''驿城'等共同构成了重要的线性文化遗产。"[1]本书研究的辽东古驿道是指辽东地区历史上作为古代交通驿站的线路，包括道路本身及驿道沿线驿城、驿站等物质文化遗产，以及作为驿道文明交流见证的非物质文化遗产。

整体性保护：伴随国际宪章的演进历程，文化遗产整体性保护的范围包括了文物古迹，历史建筑的周边人工与自然环境，历史街区地段和历史城镇、村落，乃至城市整体历史环境。"整体性保护的内容涵盖了动态环境中物质和非物质遗产。整体性保护的实施层面则注重综合多学科、多部门综合协调，重视政策制定、规划引导和管理实施对当代建设行为和功能变化的'引导'，重视社会调查和公众参与。"[67]

二、研究内容

本书在整体性保护视野下，以辽东古驿道为研究对象，研究内容主要分为理论建构、整体分析、要素整合、价值评估、保护策略五个部分，简述如下。

（1）理论模型建构

该内容是开展核心研究的重要前提和基础，主要针对整体性保护视野下辽东古驿道遗产保护的基础理论和研究框架进行论述。内容包括：对世界文化遗产整体性保护理论的内涵、概念进行具体描述，揭示文化遗产由单体向整体性区域化保护规划转变的历程和缘由，以及对我国国情下线性文化遗产保护建设的启示；阐释辽东古驿道研究的人文地理学、景观生态学、系统评价学、遗产保护相关理论基础，以及对中国邮驿文化遗产相关研究进行总结；建立适用于辽东古驿道文化遗产的整体性保护研究理论框架。

（2）遗产整体分析

该部分以文化线路视角对辽东古驿道的背景、历史演变、形态特征、动态性以及作为整体的跨文化意义进行深入研究和总结性阐述，是全书核心研究内容的统领性研究。揭示社会历史沿革影响下的辽东古驿道兴衰发展的根源，总结线路作为区域路径、全域交通和国际性线路的核心功能层次，确认辽东古驿道文化线路作为"东北亚之路"的深厚内涵和重大历史价值。

（3）遗产要素整合

对辽东古驿道沿线遗产要素资源进行科学梳理和整合，是把握线路完整性、全面认识其价值和实施整体保护的重要研究内容。本部分研究内容在历史资料研究和历史信息验证的基础上，建立了辽东古驿道遗产要素核心功能主题描述模型，并归纳揭示遗产要素与线路之间深度关联的方式。以辽南海陆线支线驿道为例，对驿道沿线遗产要素进行整合和综合分析，完成遗产资源系统整合的实证研究。

（4）遗产价值评估

辽东古驿道遗产价值认识与综合评价是本书的核心研究内容。科学认识古驿道文化遗产以及其包含遗产要素的价值是进行合理保护与再利用的前提。在承接前文对遗产要素整体定位和资源整合的基础上，分析辽东古驿道的遗产特征和多维价值构成，揭示其共性和特性，采用定量与定性分析、比较与类型研究相结合的方法，构建适用于辽东古驿道文化线路的多维价值综合评价体系，并进一步对辽东古驿道线路宏观整体价值和中微观辽南海陆线支线完成实证研究。

（5）遗产保护策略

辽东古驿道整体性保护策略也是本书的核心研究内容。首先，在综合分析辽东古驿道文化遗产现状实际问题的基础上，提出了辽东古驿道遗产整体保护规划的目标和原则；其次，基于遗产廊道的保护规划理念对辽东古驿道的整体性保护层次和空间构成进行建构；再次，在国土、区域、城镇聚落、历史地段和遗产单体五个层面进行辽东古驿道整体性保护廊道的空间格局保护对策研究。最后，为维护整体性保护实施过程，提出建立廊道保护机制，就廊道保护体系、协同管理平台、法律保障及公众参与等方面进行探讨，为辽东古驿道遗产地协同与发展提供有价值的参考。

三、研究方法

（1）文献与地图研究法

文献研究法主要用于辽东古驿道的基础研究阶段，通过中外文书籍、文献数据库平台和各种渠道的电子文献，对文化遗产保护相关领域的研究成果进行整理与分析，明确本课题研究领域任务，掌握相关研究理论和概念原理的基本依据。特别是对辽东古驿道以及驿道沿线相关区域的历史文献、历史地图、地方志进行收集、阅读和整理分析，全面了解辽东古驿道的历史和变迁，获取相应的历史研究资料。地图研究主要应用于线路宏观分析或沿线区域基本数据的研究，进行历史信息可视化图解分析，获得更为直观的结果。

（2）实地调研法

在结合历史文献资料进行归纳分析的同时，采用实地调研法，通过实地考察，进行现场踏勘、无人机航拍、测绘，收集一手资料，直观掌握辽东古驿道沿线尤其是辽南海陆线重要遗产的遗存现状。对古驿道遗产点及其周边环境进行认真考察，详细了解古驿道环境特征、基础设施和交通状况等方面信息，并进行分类整理与资源分析。现场访问工作人员与当地居民，深入挖掘遗产历史相关信息。实地调研所获取遗产的具体信息，为遗产廊道的建立提供可靠的基础数据支撑。

（3）比较研究法

比较研究法是对事物和事物进行横向研究和判断，揭示共性和差异性，并获得规律性、系统性结论的重要方法，在本书中各章节都有所体现。该方法亦为世界文化遗产理论研究体系框架下的主要方法。辽东古驿道文化遗产是拥有特殊文化资源集合的线形网状多元文化遗产族群，开展同类型线性文化遗产之间的横向比较分析是十分必要的研究过程。本书通过比较研究法确定了辽东古驿道遗产与国内其他同类型文化遗产在整体综合价值上的优势。

（4）综合评价法

层次分析法，简称AHP法，作为一种解决多目标决策问题的方法综合评价方法，"可以对非定量事项作定量分析，将复杂问题分解为多层次的简单问题进行决策，进而得到整个问题的决策方案"[68]。该方法适用于无法完全量化的多目标、多因素大型复杂巨系统，分析过程灵活而简便。辽东古驿道遗产是具有丰富遗产类型、种类多样化的巨系统，因此该方法是适用于辽东古驿道整体性保护廊道构建的科学有效的决策分析方法，主要应用于辽东古驿道文化遗产要素价值评价部分。本研究选用层次分析法与专家咨询法相结合的遗产资源综合评价法，构建辽东古驿道物质文化遗产及非物质文化遗产的定性与定量结合的综合评价体系，根据评价结果对遗产资源进行价值分级，为整体性保护规划策略提供科学依据。

第五节
研究框架

本书研究框架如图1-5所示。

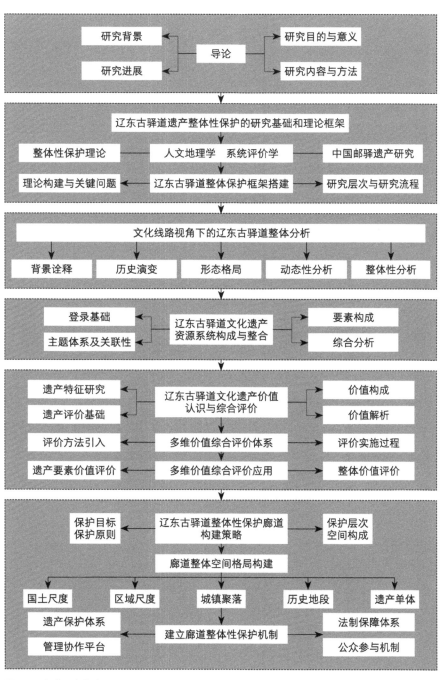

图1-5 本书研究框架

第二章

辽东古驿道遗产整体性保护理论框架

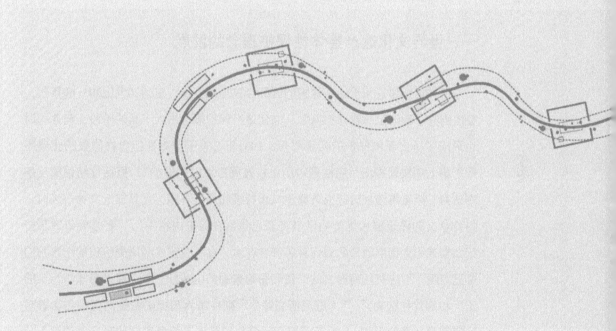

本章主要阐释本书研究所需的基础理论和保护理论框架的建立。首先，对世界文化遗产整体性保护理论的内涵、概念进行具体描述，揭示文化遗产由单体向整体性区域化保护规划转变的历程，以及中国本土化思考；其次，解读本研究所需人文地理学、系统评价学及遗产保护相关理论依据；再次，对中国古代邮驿遗产历史发展、内容构成和对古代城市建设的影响三方面进行总结，为本研究提供支撑；最后，深入解读规划目标与系统构成、研究层次与流程、理论构建与关键问题，建立适用于辽东古驿道遗产整体性保护研究的理论框架。

第一节
文化遗产整体性保护理论

一、世界文化遗产整体性保护理念的发展

自19世纪起，关于遗产保护的国际会议从未停止，直到20世纪30～60年代，首次确立了新的纪念物保护原则，文化遗产保护概念进入了新的阶段，与此同时也形成了历史环境保护的初步思想。1931年《关于历史性纪念物修复的雅典宪章》第七项决议提出"应注意对历史古迹周边地区的保护"。概括性结论第三条则认为"新建筑选址时应充分尊重城市特征和周边环境，尤其靠近文物古迹时。特殊意义的建筑群和优美的风景资源也包含在保护内容中"，"有必要研究某些纪念物或纪念物群适合配置何种装饰性花木，在具有艺术和历史价值的纪念物的临近范围，不应有任何形式的广告和影响景观的电线杆，不许建设有噪声污染的工厂和高耸柱状物。"[69]《威尼斯宪章》[70]则在第六条提出古迹的保护包含着对一定规模环境的保护。《关于保护受到公共或私人工程危害文化财产的建议》[71]《关于在国家一级保护文化和自然遗产的建议》[72]则建议以"区划"进行保护的目的不仅在于保护具有特征的风景，而且将保护对象直接指向遗产地区作为一个整体所体现的文化价值。前两者对历史环境重视的目的为保护纪念物的价值和纪念物本身不受影响，并没有提到应将纪念物周边环境作为保护对象，尚未将遗产地区作为一个整体考虑其所体现的价值。后两者，则进一步明确了将历史环境作为保护对象的思想。1966年，关于历史城区保护的国际会议在捷克斯洛伐克召开，强调应保护历史城区的完整性，包括历史城镇及其周边环境。欧洲社会日渐

认识到在当代社会发展过程中，文化遗产和历史环境整体保护所具有的重大价值和起到的积极作用。

20世纪70～80年代，则确立了保护单体历史纪念物和历史环境的科学理念与整体性方法。1974年，在博洛尼亚召开的欧洲议会上，文化遗产和历史环境在当代社会中的重要价值和作用得到正式肯定，整体性保护成为保护城市历史街区的有效准则。1975年欧洲议会发起了"欧洲建筑遗产年"，《阿姆斯特丹宣言》[73]和《建筑遗产欧洲宪章》[74]详细阐述了"整体性保护"的意义和实施要求，标志着"整体性保护"思想和方法的确立。"整体性保护方法通过城市发展计划和各层面城市规划，由地方管理机构和社会公众共同参与，解决法律、行政、经济等各方面问题，以保护文化遗产和遗产地居民生活，维持社会稳定。"[75]1987年《华盛顿宪章》[76]更有针对性地对历史城镇和城区的保护进行补充说明。认为在进行城镇发展规划时，应在制定各类政策的同时对遗产地包括居住、交通等各方面的发展目标统筹考虑。

进入21世纪后，在科学理念与方法的指导下，世界各国纷纷开展本国的遗产保护行动，整体性保护方法又有了新的发展。在《历史性城市景观宣言》[77]和《西安宣言》[78]中，对遗产地及其动态环境的保护和管理展开深入研究，其中包括监控和管理对遗产环境变化的影响等。在国际遗产整体性保护研究与实践的指导下，各国针对本国面临实际问题积极开展实践行动和本土化研究。

回顾国际文化遗产保护整体性理念的发展历程，通过遗产保护领域国际组织积极推动开展的会议活动，以及宪章、公约、行动指南等一系列权威文献的颁布、实施、修订，可见其核心趋势就是对历史环境越来越强调，保护范围日益扩大。整体性保护概念从文物古迹、历史建筑的周边环境，扩展为历史街区和历史城镇、村落，乃至城市的整体历史环境到城镇，又进而兼及文化景观、遗产区域。

总体来看，整体性保护理论研究的发展，在深度方面，从狭义物质空间环境逐渐发展为包括社会生活、经济发展、无形遗产要素在内更丰富广大的遗产环境；在实际操作层面，提倡跨学科合作、多部门统筹协调、公众参与共享，实现文化遗产可持续发展。这些都构成了历史遗产保护理念区域化、整体性、连通性发展必不可少的背景。在这一背景下，国际文化遗产保护专业领域内部不断注入"文化景观""文化线路"等新概念，许多国家都相继提出针对本国文化遗产资源特点的区域化遗产保护措施。在世界范围内，主要形成了以欧洲文化线路与美国国家遗产廊道为引领的研究潮流，更逐渐上升为各国国家战略。

二、线性文化遗产整体性保护基本概念与特征

线性文化遗产主要是"指在拥有特殊文化资源集合的线形或带状区域内的物质和非物质的文化遗产族群,运河、道路以及铁路线等都是重要表现形式"[79],是在借鉴国际遗产相关概念后,目前我国遗产保护界学者对国内遗产保护和研究提出的概念。针对我国大型跨区域线性文化遗产如何进行保护和利用,下文将主要对密切相关的世界遗产保护领域"文化线路"和"美国国家遗产廊道"的相关研究成果进行总结分析,以期借鉴。

(1) 文化线路

① "文化线路"概念及特征(表2-1)

国际机构文化线路定义比较[80][81][88]　　　　表2-1

国际机构	概念	关键词
联合国世界遗产委员会《实施〈世界遗产公约〉操作指南》2013版	a. 基于动态性特征和思想的交流,在时间和空间上具有一定的连续性; b. 是一个整体性概念,它的整体价值远远大于线路所有遗产要素的相加,这种价值使它具有文化上的重要意义; c. 强调国家或地区之间的交流与对话; d. 应是多维的、不同方面的发展,不断丰富和补充其主要用途,可能是宗教的、商业的、行政的,或其他	"跨地区交流" "整体的文化意义" "动态性" "历史功能多维度"
国际古迹遗址理事会"文化线路科技委员会"	文化线路无论是陆上、水上,或其他类型都有实际界限,并且也因其服务于一个特定而明确的目标而自身具有特殊的动态和历史的功能特征而呈现特点,都必须满足以下条件: a. 必须来自并反映人类的互动,和跨越较长历史时期的民族、国家、地区或大陆间的多维、持续、互惠的货物、思想、知识和价值观的交流; b. 必须在时空上促进涉及的所有文化间的交流互惠,并反映在其物质和非物质遗产中; c. 线路的历史关系和它的文化遗产已经和线路自身的存在形成一个动态的系统	"多元互惠的交流路线" "文化互惠反应在遗产上" "跨地区和文化特定历史功能" "动态性"

续表

国际机构	概念	关键词
欧洲文化线路委员会	"文化线路"是一处文化性、教育性遗产，同时也是一项旅游合作项目，该项目旨在建立一条或数条基于特定历史路径、文化概念、人物或现象的旅行线路，这些路径、文化概念、人物或者现象对理解和尊重欧洲超越国家界限的普世价值有重要意义。 a. 该主题对欧洲的价值观念有一定的代表性，并且至少应普遍存在于3个国家； b. 该主题必须由来自欧洲不同地区的不同学科的专家通过研究而提出，这样才能确保用以描述主题的事件、项目是有普遍性的； c. 该主题能够阐释欧洲的记忆、历史和遗产，并且要有助于理解当今多样化的欧洲社会。该主题必须要能促进年轻人文化和教育的交流与对话，并在此方面给予足够的关注。该主题在与旅游机构或经营者合作的过程中，要能促进旅游业副产品的发展，包括学校群	"特定的主题" "欧洲普世价值" "文化可持续旅游"

文化线路的概念从提出到内涵丰富经过了不断扩展、补充完善的历程。经过各大国际机构二十多年的理论研究与实践，目前"文化线路"的定义主要来自国际遗产保护机构与欧洲文化线路委员会的两方面。联合国世界遗产委员会侧重线路遗产整体价值大于遗产单体。国际古迹遗址理事会及其"文化线路科技委员会"关于文化线路定义的探讨对线路边界性以及与其他遗产概念的辨析更为强调。与欧洲文化线路委员会的"欧洲文化线路"概念相比较，国际遗产保护机构强调线路对文化交流与对话的促进作用、时间和空间上多维度的连续性和动态性，更关注线路形成的历史过程。欧洲文化线路项目则更强调欧洲各国家面向当代及未来社会的旅游合作。

②"文化线路"构成要素

《文化线路宪章》指出文化线路的元素，分别是背景、内容、作为整体的跨文化意义、动态性、背景环境，见表2-2。

文化线路的背景包括自然和/或文化背景，是文化线路产生的基本环境，对其产生发展、兴衰更迭产生了深刻影响。同时，文化线路的产生、发展、繁荣、衰落也深刻渗透其存在的背景环境。文化线路与其背景环境相互影响，贯穿社会文明发展全过程。

文化线路的内容是线路价值和意义的载体，是文化线路在精神内涵和物质实体的证据。文化线路必须兼具物质遗产与非物质遗产，对线路的存在和发生在线

文化线路构成要素的概念内容[17][80][81]　　　表2-2

元素	概念	内容
背景	指文化线路产生于自然和/或文化背景中，对其产生影响，并且作为互动过程的一部分对其进行刻画，丰富其尺度	包括孕育文化线路的自然地理环境，以及文化线路产生、持续过程中的人文社会背景，如历史、社会、经济、艺术、宗教等
内容	指组成线路的物质元素和赋予文化线路意义的非物质元素。物质元素可以分为形成文化线路的决定元素和维持线路的必要物质元素	物质元素包括与线路的历史功能有关联的设施，如补给站、海关哨所、仓库、休憩与旅馆、医院、市场、港口码头、防御要塞、桥梁、交流或者交通工具；工业、采矿或者其他设施，以及反映不同时代科技和社会进步的其他生产和贸易设施、历史城镇、文化景观、祷告和礼拜用宗教遗迹等。非物质元素则包括无形遗产和人类精神层面的因素，如城市建筑观念的特征、建筑方法和模式、不同建筑风格、风俗、政治体系和传统、宗教、传统技艺、典型的手工艺、艺术和行业、衣食住行方式、农业耕作方法、语言。民族的普遍特征和气质、地域的社会风气等则是这些无形遗产诉诸人类精神层面的表现
作为整体的跨文化意义	是文化线路重要的特征之一，文化线路的整体意义要大于线路各部分意义之和	从遗产角度来看，文化线路包含的有形、无形文化遗产，是一个拥有丰富文化内涵相互依托的整体。文化线路的交流不仅是物质交换与人群间交流，更重要的是作为一个整体联系并贯通了世界上的不同地域
动态性	是文化线路的本质特征，为区分文化线路与其他类型世界遗产的元素之一	包括文化线路产生原动力和维持动力因素的机制
背景环境	特指与文化遗产所在空间区域相关的环境要素	根据空间范围的层次，可以划分为地理环境、区域环境、文化景观与遗产要素周边环境四个层次

路上的文化交流活动意义提供证明，这是文化线路与其他类型遗产最主要的区别，表明了世界遗产保护领域对文化遗产的认识和理解提高了视阈。较之其他类型文化遗产文化线路遗产的非物质文化元素的重要性得到提升，无形要素不仅支持文化线路文化交流互惠过程内容的组成及意义，也成为线路实体空间断裂、破坏、消失时的重要见证，完整地反映出线路形态的整体性，如沿线分布的地方语言特征，可能蕴含着因文化线路的交流影响而汇聚其中的多元文化基因。

文化线路整体的跨文化意义，包括两方面：一方面从遗产角度来看，文化线路包含的有形、无形文化遗产是一个拥有丰富文化内涵相互依托的整体，不能独立地分析组成文化线路的某个物质遗存；另一方面，文化线路的交流不仅是物质交换与人群间交流，更重要的是作为一个整体联系并贯通了世界上的不同地域，如丝绸之路整体跨越了欧亚大陆。文化线路作为整体具有的全球意义和现实意义,既是对人类社会文化和历史的寰宇视角,也是沟通国家和地区间共同利益的和平桥梁。

文化线路的动态性包含两方面:一是文化线路产生的原动力,这是本质因素,是线路兴衰变化的根源,如贸易需求、宗教传播、文化流动等;二是维持动力因素的机制,如维持交通工程运转的基础设施、保障线路安全的军事工程,以及途经地区的政治社会机制等。二者共同组成了文化线路的整体运行机制,不断相互作用变化。

文化线路背景环境跨越区域较多,途经环境比常规类型的遗产更为复杂,线路与这些环境的关系也更敏感。背景环境根据空间范围可划分为四个层次:地理环境、区域环境、文化景观与遗产要素周边环境。地理环境指遗产地所在地形、地质要素,塑造了线路形态和路径,也影响着文化线路的发展过程;区域环境指覆盖线路段落的自然和人文地理单元,为线路提供了骨架,以城市或者村落的文化背景深化文化线路的价值;文化景观的层面则强调线路将自然地理与丰富多元的各类型遗产要素相互关联形成完整整体。文化线路与其背景环境之间联系紧密,反映了人与自然的互动关系。此外,其他各类型文物古迹经常分布在文化线路遗址周边环境中,也是侧面理解文化线路内涵的必要因素。

③"文化线路"形态与构成模式

《文化线路宪章》指出:"文化线路形态,根据地域规模可分为:地方性、全国性、地区性、洲际和跨洲际性。根据文化范围可分为:在特定的文化区域内或拓展到不同的地理区域,其文化价值的形成和发展都受到相互影响。根据目标和功能可分为:社会、经济、政治或文化的,这些特征可以在一个多维背景中共享。根据延续时间可分为:已不再使用的线路和那些在社会、经济、政治和文化交流影响下仍在发展的线路。根据它们的结构特点可分为:直线的、环形的、十字形的、放射状的或网状的。根据它们的自然环境可分为:陆地、水上、混合或其他物理环境。"[80][81]

此外,《文化线路宪章》也指出:文化线路的具体形态按照物质空间拓扑关系可以分为"线性、带状、廊道、交叉、网络"等类型;按照核心内容又可分为宗教、贸易、军事活动等类型;除此之外,文化线路类型的划分也可以从历史事件、产生时间、和平或军事目的、影响力等方面着手。

申报文化线路遗产既需要考虑线路申报世界遗产符合突出普遍价值等方面一般标准,也要考虑现存的遗产地实际情况是否符合文化线路类型的定义与特征,以及保护管理方面的特殊要求。作为文化遗产进行申报的文化线路具有典型构成

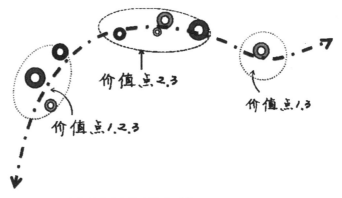

图2-1 典型文化线路遗产构成模式图[17]

模式，如图2-1所示，需要根据不同项目的情况采取不同的组合方式进行申报。这既是申报策略，也是保护规划和管理的重要基石。在确定文化线路构成模式的基础上，结合《文化线路宪章》，对文化线路环境要素的解读和遗产保护范围的界定，线路所有遗产要素的分布以及与线路关系密切的环境要素的空间均为重点考虑内容，以保证线路的完整性和连续性。

（2）遗产廊道

①基本概念与特征

目前，国内外研究领域里最常使用的遗产廊道定义有两个，一个源于美国遗产区域，另一个则来自于绿道规划。遗产廊道作为美国遗产区域保护大类的一种独立模式，最早源自遗产区域项目的早期形态。从宏观上说，遗产廊道与遗产区域存在一种从属关系，可将遗产区域的定义作为遗产廊道概念的官方广义解释。对于遗产区域概念，美国国家公园局将其定义为"为了当代和后代的利益，由居民、商业机构和政府部门共同参与保护、展示地方和国家的自然和文化遗产的区域。遗产区域包括较大尺度的独特资源，可以是河流、湖泊或山脉等自然资源类型；也可以是运河、铁路、道路等文化资源类型；还可以是废弃废旧的工厂、矿地等文化资源。"[82]以遗产区域理念为引领，遗产保护对象转变成为人类聚居的区域性文化景观，超越了以往传统孤立的遗产点或单纯的自然公园。在绿道规划领域，依照罗伯特·希尔茨在《绿道》一书中的定义："遗产廊道是拥有特殊文化资源集合的线性景观，通常带有明显的经济中心、蓬勃发展的旅游、老建筑的适应性再利用、娱乐及环境改善。"[83]这也是目前景观学界广泛使用的定义。从目前国内外文献中最常使用的两个定义的描述上看，其本质基本相同，前者是对这一类项目性质的宏观界定，后者则在具体形态上进行了生动具体的描述。从定义上看，遗产廊道更多被归在景观学科范畴之内。遗产廊道是遗产区域和绿道发展相结合的具有特殊文化资源和线性特征的人和自然共同作用下的景观。作为一个复合型景观空间系统，遗产廊道以遗产主题为解说线索，包含自然景观资源与支持线路发展的建成环境。根据定义和实践案例来看遗产廊道（区域）特征，其一，遗产廊道是一种线性的遗产区域，其中最主要的类型就是历史性交通廊道，是自然环境与人文环境互动综合性跨区域线性文化景观；其二，尺度可大可小，多为中尺度。从单个城市到不同的地区，可以跨越不同的行政或地理边界；其三，自然、经济、历史文化三者价值并举，是综合性的保护措施，在提升历史主题的同时强调经济价值和自然生态价值的平衡。

②构成要素和原则

整体性是遗产廊道保护规划关注的重点，强调从整体空间组织入手，廊道范围内全部自然资源和文化资源均纳入保护，形成完整连续的空间格局，并发掘休憩娱乐和经济振兴的契机。其构成要素包括：遗产点、绿色廊道、慢行系统和解说系统，如图2-2所示。因此，遗产廊道的保护不是保护单独某个系统，而是多个系统的整合性建构。

根据遗产区域的美国国家公园管理局要求，需要对区域的资源状况、对国家的重要性、领导阶层的水平、获得的支持以及获得国家遗产区域后对本地发展获益的能力等做出可行性分析与评价。对应可行性研究的要求，在选择遗产廊道及其保护对象时，除了在具有线性特征的景观中进行考虑，选择标准如表2-3所示。

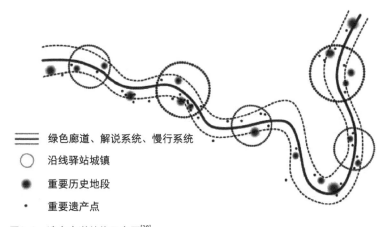

图2-2　遗产廊道结构示意图[38]

遗产廊道选择标准[83]　　　　表2-3

选择标准	内容阐释	案例
历史重要性	廊道内应具有塑造地方、市县或国家历史的重要事件和要素。评价历史重要性要了解当地景观的社会、宗教和民族重要性以及居住模式或社会结构是否影响着当地社区或社会	美国黑石河峡谷国家遗产廊道，美国工业革命的诞生地
建筑或工程重要性	廊道内的建筑物或者构筑物具有形式、结构、演化上的独特性，或是特殊的工程应用措施	美国伊利诺伊和密歇根运河国家遗产廊道，524英里连续的通航水道，34个国家的历史地标
自然资源对文化资源重要性	当地自然景观在生态、地理或水文学上的重要性；所研究的区域是否具有完全、基本未被破坏的自然历史；场地是否由于人类活动和开发而受到改变；哪些自然要素是景观的主体，决定着区域的独特性	美国最后的绿谷国家遗产走廊（The Last Green Valley National Heritage Corridor），5个乡村城镇，77%的森林和农场
经济重要性	指的是保护廊道是否能增加地方的税收、旅游业和经济发展等	美国特拉华和李海国家遗产廊道，煤铁工业遗产，经济发展，健康

三、整体性保护中国本土化思考

回顾线性文化遗产世界遗产领域整体性保护的两大理论，无论是源于欧洲发展用于申遗项目的文化线路，还是发端于美国的国家遗产廊道，都是因其国土自然资源、遗产特质、遗存情况、地区发展需求而量身定制不断扩展完善的。因此，要根据我国线性文化遗产资源的历史底蕴和实际情况，巧于因借，因地制宜，引进相关理论进行本土融合和拓展。

著名学者季羡林先生有言，"人类历史文化归并为四大文化体系，即波斯、阿拉伯伊斯兰文化体系、欧洲文化体系、中国文化体系和印度文化体系"。显而易见，中国与欧洲、美国不属于同一个文化体系，文化起源与发展历程都存在着明显差异。通过文化线路的定义可知，文化线路本身即遗产，其核心是历史文化价值，这与欧洲文明历史悠久积淀深厚的特征紧密相关。文化线路前身是"欧洲文化线路"，欧洲历史走向分裂合并频繁，古罗马之后，国家众多，文化各异。因此，欧盟委员会提出"欧洲文化线路"的初衷是向国际社会展示欧洲多元国家和文化背景下的文化遗产，如何构成一个共同文化背景的整体。文化线路是实践"人权""文化民主""文化多样和文化认同""对话""多边的互惠交换"[84]等欧盟基本发展理念的重要平台。后来，在文化线路作为遗产类型纳入《操作指南》之后，文化线路自身的遗产属性和特征则更加严谨界定，强调线路之上持续的人类文明交流。美国国家历史仅二百余年，土地广大，自然资源丰富，因此，遗产廊道主要是实现美国地区自然、经济、文化发展多目标，是将具有历史意义的遗产点结合绿地系统连接形成带状的景观区域，廊道本体多依托线性自然资源而不是文化遗产。遗产廊道不仅对遗产点进行保护，线路沿线还开展生态恢复措施和旅游开发，为人们提供生态休闲活动服务。此外，从尺度上来看，遗产廊道较之文化线路的尺度更小。

中国不仅文化历史与欧洲一样历史悠久，积淀厚重，也拥有壮阔瑰丽的自然资源。如我国丝绸之路、京杭大运河等线性文化遗产，其本身既是大尺度跨区域绵延千里的文化线路遗产价值系统，也具有明显廊道空间结构。所以，线性文化遗产整体性保护两大理念的本土拓展应兼顾两者优势，以文化线路的历史文化价值为核心提炼线路历史主题，以遗产廊道模式的规划空间格局衔接我国土空间规划体系，共同开创对外可与国际遗产申遗体系接轨，对内实现遗产有效保护规划与利用的适用于中国国情的完善的遗产保护方法和规划策略。

第二节
辽东古代驿路整体性保护研究的相关理论依据

一、人文地理学理论

（1）概念

"人文地理学以人文现象为研究主体，侧重于揭示人类活动的空间结构及其地域分布规律性的学科。人文地理学的研究对象是关于人类活动的空间差异（包括不同国家、不同地区、不同社会制度、不同社会意识）和空间组织以及人类与地理环境之间的相互关系。研究内容主要为人文环境、人文现象和文化景观，其内核是注重区域和空间，注重人地关系。"[85]线性文化遗产研究的核心本质就是研究历史时期人类活动与地理环境之间的关系，因此，人文地理学所包含的人地关系论、可持续发展论、文化景观论等基本理论是本研究展开的重要基础。

（2）主要理论

社会文化地理学是人文地理学的重要分支，注重地域文化系统的构成研究，对文化系统、文化的起源与扩散、文化群的一致性、种族与多元文化、民间文化缺失威胁、文化区、文化生态学尤其关注。20世纪20年代，美国文化地理学家索尔在美国明确提出地理学要研究"文化景观"，其所著《景观的形态》和《历史地理学序言》两篇最具代表性的文章，首次明确定义了文化景观的概念。文章认为文化景观是附加在自然景观上的人类活动形态，"由文化群体在自然景观中创建的样式，文化是动因，自然是载体，文化景观是结果。"[86]"文化景观是人类文化作用于自然景观的结果，是特定时间内形成、具有区域基本特征、在自然与人文因素综合作用下形成的复合体。"[87]这一概念的提出，促进了景观生态学中关于文化景观的探讨。

本书的研究对象辽东古驿道文化遗产作为一种特殊文化遗产资源的集合，反映了漫长人化自然过程中最具代表性的社会文化景观特征及内在规律，与人文地理学的研究内容所关注的人文环境、人文现象和文化景观，以及其注重区域和空间、人地关系的研究内核相契合，对辽东古代驿路的形成发展，人类政治、经济、军事活动与自然环境之间关系的解读和未来规划发展都具有重要的指导意义。

二、系统评价学理论

（1）概念

系统评价学是源自系统科学理论的一门关于系统评价活动的基本规律和技术方法论的学科。系统科学是20世纪40年代以后迅速发展起来的跨学科新兴的学科。"系统是指由互相关联又互相制约的若干要素构成，为实现一个共同的目标而存在的有机集合体"[88]，系统科学是从系统的角度去考察和研究整个客观世界。辽东古代驿道是一个包含了物质与非物质文化遗产的复杂巨构系统，本书在古代驿道遗产要素综合价值评价阶段，最主要的基础理论就是系统评价学。

（2）内容

作为方法论学科，系统评价研究内容包括评价原理与评价方法两方面。"评价原理是指研究系统评价活动本身的运动规律和各环节各组成部分的相互关系。比如，它研究评价过程的步骤逻辑，参与者的心理现象及规律，以及系统评价学科的发展规律等；评价方法是指为具体的评价实践提供可用的技术方法，包括各种操作步骤、评价模型等。"[89]二者相辅相成。前者为指导评价活动的基本理论，在评价原理的基础上对评价技术进行选择。系统科学理论在评价中的应用贯穿评价整个过程，从评价指标的选取到评价模型的建立，其最显著的例子就是层次分析法，是本书主要的研究方法之一。

三、遗产保护相关理论

（1）文化景观

①定义

文化景观与遗产线路（文化线路）、历史城镇和城镇中心、遗产运河共同作为四大特定遗产类型。2017年版《实施〈保护世界文化和自然遗产公约〉的操作指南》中《特定类型列入世界遗产名录》定义文化景观属于文化遗产，正如《保护世界文化和自然遗产公约》第1条所述，它们是"人类与大自然的共同杰作"。文化景观见证了"人类社会和居住地在自然限制和/或自然环境的影响下随着时间的推移而产生的进化，也展示了社会、经济和文化外部和内部的发展力量。"[90]"文化景观"一词包含了人类与其所在的自然环境之间互动的多种表现。考虑到其所处自然环境的局限性和特点，文化景观常常能够天然地反映出土地可持续发展利用的方式，反映人类改造活动与自然环境某种特殊的精神关系。文化景观保护有利于景观自然价值的提升，也有利于在当代实现土地使用的现代化及可持续发展。

②类型

《实施〈保护世界文化和自然遗产公约〉的操作指南》中将文化景观分为三类："第一类，最容易识别，是人类特意设计及建造的文化景观。其中包括了美学目的的园林及公园景观，通常与宗教建筑或其他纪念性建筑物或历史建筑群相结合。第二类，有机演进的景观。它们产生于社会、经济、政治以及宗教最初始的需求，通过与周围自然环境相关联/相顺应发展出当下的形态。进一步可分为两类：一种是残存（或标本）景观，展现历史上某一段时间内已完成的演进过程，结束方式或为突然性或为渐进性；另一种为持续性的景观，作为一个积极的社会角色，继续在当今社会生活方式与传统生活方式的密切交融中保持着持续的演变，成为人类历史发展进程的重要见证。第三类，关联性的文化景观。这种类型景观被列入《世界遗产名录》是因其体现了与自然、宗教、艺术或文化因素的强烈关联。"[1]

文化景观也是"从较充分、较大范围的规模去发现和认知在某种特定环境中人的创造和生存状态。"[91]其主要意义是"与传统遗产相比，更强调人与环境共存共荣互动过程、可持续发展，体现人类长期生产、生活中与大自然达成的平衡与和谐。"[95]辽东古驿道核心遗产与自然环境经过漫长的影响与互动，共同塑造了辽东古驿道沿线地域文化景观的面貌，因此，文化景观相关研究为驿道沿线景观环境的整体性保护提供了更为广阔多元的开放性视角。

（2）我国文化遗产保护相关概念

20世纪90年代以来，世界各国都积极推进文化遗产保护实践，文化遗产保护概念不断扩大，保护理念亦不断深化。目前，我国文化遗产保护因遗产性质、申报目标不同而采取对应的保护体系及标准。《中华人民共和国文物保护法》（2017版）[92]从宏观上规定了文物保护的具体内容、各级各类文物的所有权、文物保护工作的组织实施机构和管理机构、保护基金的来源和使用等。根据历史文化遗产保护工作多年来的经验总结，把历史文化遗产的保护分为三个层次，即文物保护单位、历史文化街区、历史文化名城，为我国解决遗产保护与城市发展的矛盾提供有效支持。本书引进了国际文化线路保护理念与遗产廊道的跨地区多层次规划理念，并与我国遗产保护理念和保护层次进行本土化有机对接，为辽东古驿道整体性保护规划研究框架的建立提供了科学支撑，也为我国其他大型线性文化遗产的保护提供有价值的借鉴。

文化线路与遗产廊道的保护理念为我国线性文化遗产及沿线区域历史文化价值的重视和相关遗产资源的保护提供了全新的视角和保护思路。辽东古驿道整体性保护客观上要求以历史文化遗产资源为核心和依托，在共同的主题串联起单体文化遗产形成廊道的基础上实施整体保护策略。为方便整理和分析，以对廊道整体构成有清晰的把握，为深入分析和选择针对性较强的保护策略提供详实的资料依据，需要对诸多构成要素进一步细分其类型。因此，本书参考目前国际和国内通行的文化遗产类型划分，为该廊道构成要素的类型提供科学参照，文化遗产类型划分如图2-3所示。

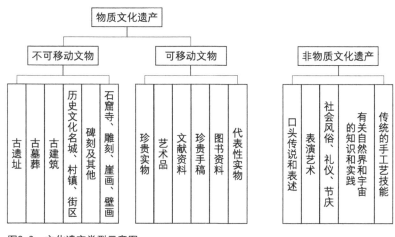

图2-3 文化遗产类型示意图

第三节
中国邮驿文化遗产相关研究

我国是世界上最早建立组织传递信息的国家之一，邮驿通信制度文明历史长达三千多年。在世界邮驿历史中，以中国为代表的东亚邮驿与波斯邮驿、希腊罗马邮驿以及阿拉伯邮驿一样，以邮驿体系和驿道驿站建设等方面为重要载体，反映了整体人类社会时代文明信息的流动和发展。历史进入文明时代之后，国家权力成为社会生产和社会生活的主宰。出于行政管理和经济统制的需要，最初的邮驿系统随着交通的发展逐渐形成并发挥作用，在中国古代被认为是维持国家正常运转的"国脉"。邮驿制度以及驿道修建的情况是否完善，常作为衡量一个国家繁荣程度的标尺。这种信息传递体制是中华文明创造的杰作之一，不仅是维系王朝统一的血脉，也是一套集合了行政管理、城市建设、文化传播、交通发展、经济贸易、军事防御等功能的综合体系，对我国古代历史社会、政治、军事、经济、文化的进步与发展有着极为深远的意义。以下对中国邮驿历史发展、邮驿遗产内容构成和对古代城市建设影响三方面进行研究，为本书提供支撑。

一、中国邮驿文化遗产历史回顾

（1）秦汉初创

殷商时期，甲骨卜辞已出现"传"或"专"等文字，意为驿传、传舍、传车、驿站的馆舍；见于史籍记载的邮驿制度和邮驿的正式名称始于周代，其邮驿组织和驿递方式的进步，标志着我国邮驿制度发展的开端。西周王朝形成了通达全国的陆路干线交通网，"周行"和"周道"，又称"王道"，是由周王室规划修筑、管理养护的国家级交通干线。秦始皇时代整合六国交通，"治驰道"建成了以"驰道"为国家主要干线的全国交通网。驰道和驰道制度使春秋战国时期诸国邮驿各异之局面归于结束，秦将信息传递体系称为"邮"，建立了统一的邮驿制度。汉代继承秦代重视国家交通建设和邮驿的传统，驿站系统星罗棋布。《汉书·百官公卿表》记载，"西汉共有邮亭29635所，东汉则有12442个，东汉时全国驿道总长已超过32000公里。"[1][93]~[96]

（2）隋唐盛况

隋唐实施"驿传合一"制度，"驿"整合了以往"邮""亭""传"，既负责国家公文书信传递，又传达紧急军事情报，还监管接送官员、怀柔少数民族、平息内乱、追捕罪犯、灾区抚慰和押送犯人、管理贡品和小件货物运输等事务。隋唐时期邮驿系统规模空前繁盛，"全国驿道达四万余里，水陆交通异常发达，形成了以长安（今西安）为中心，七条重要驿道为主的放射型驿道网络。据《大唐六典》记载，最盛时全国水驿260处，陆驿1297处，显示了当时交通事业的发达。唐代是我国古代国际交往最发达的时代之一，据《新唐书·地理志》《记四夷入贡道里》记载，为了便于中外使臣往来，开辟了多达七条的国际性驿道。唐代东北边疆与靺鞨、渤海诸族水陆均有相通。

（3）宋辽革新

宋代邮驿沿袭唐制进一步发展。宋代驿道在北宋时期以汴京（今开封）为首都呈辐射状向外扩散，南宋时期则以临安（今杭州）为交通枢纽，水陆交通十分发展。宋代邮驿管理趋向军事化发展，一是掌管邮驿的部门为兵部和枢密院，二者分工明确，相互制约；二是邮政人员全部改民为兵，减轻百姓负担。在邮驿制度方面，专门提供食宿服务的为"馆驿"，传递政府公文和书信的机构则独立出来，总称为"递"，早期以"马递"和"步递"为主，后期因适应战争需求，创设了昼夜兼程的"急递铺"（也称"急脚递"）的邮驿机构。这种功能细化分离的邮驿制度革新，极大促进了中国邮驿业务的分工发展，其影响持续到明清时期。宋代邮驿的改革极大地提高了文书传递的效率，并成为宋驿的标志性特色。

与两宋并立的辽、金时期，北方契丹族建立辽朝的最大成就之一，就是开辟了东北至中原的驿道。辽代境内分设五京，五京之间驿路相联通，沿途也设置了供官员歇宿的驿馆。据《辽史·地理志》载，上京临潢府西南有同文驿，专门接待各国信使；驿西南有临潢驿，专门接待夏使；中京大定府设大同驿，接待宋使；朝天馆接待新罗（朝鲜）使臣，来宾馆接待夏使。从辽代驿馆的设置，我们不难想象当时东北边疆各国交往的密切。

（4）元代强盛

元代邮驿制度与组织在我国邮驿发展史和世界邮驿发展史中都具有重要地位，邮驿系统的实际效能为当时世界领先水平。根据《永乐大典》的记载，元代"凡在属国，皆置驿传，星罗棋布，脉络相通，朝令夕至，声闻必达"，显示了元代驿站体系的强大。元代把辽金以来的馆站、急递铺与站赤结合起来，实行"站赤"与"急递铺"机构并行的邮驿系统。完备的驿传制度是元代政治军事成就重要的条件。元代国内驿道以元大都为中心辐射建设驿站网络，逐站接力，在国内以东路、西路、南路三条干线通往全国。东路为大都—通州—蓟州，衔接辽阳、岭北行省驿路。西路为大都—昌平，在榆林分路。南路为良乡、涿州南下，与南方各行省驿路连接。元代驿站与地方行政组织"路"（府、州）为中心配套交通和通信枢纽进行建设，同时形成了相对独立的邮驿网络。元驿规模大于唐驿，据《元史·地理志》和《经世大典·站赤》记载，在元朝时全国有驿站1519处，仅在中国境内就有"站赤"1496处，此外还有大量急递铺。史学家认为元代驿站制度的强盛历史罕见，对维持政府在全国广大地区的统治具有重大作用，更形成了横贯欧亚大陆的跨洲际驿道，大大沟通了13～14世纪的中外经济文化交流，尤其对边疆地区的交通起到极大的促进作用。元代拓展三条东北亚国际驿道：一条由蒙古连通了中亚地区；另一条驿道则通往鄂毕河、叶尼塞河以及额尔齐斯河的上游；还有一条驿道是丝绸之路。

（5）明清兴衰

明朝邮驿制度归属兵部管理，基本承元旧制并趋于多元发展。明初以南京为中心建立通达的全国邮驿系统，通过邮驿系统的建立推动和加强了明代边疆的开拓。明代邮驿系统的三大机构为水马驿、递运所、急递铺。急递铺一般处理普通官方公文,水马驿则主要处理紧急军情文书和负责转运军需资料,至嘉靖时期全国有各类水马驿1295处。

清代驿务管理归属中央兵部车驾司,主管全国驿道驿站。清代邮驿改革的最大特点是"邮"和"驿"合并。汉唐以来一直是"邮"(或称"传""递")负责传递公文,是一种通信组织。而"驿"实际上只负责提供交通和通信工具,兼有招待所功能。清代二者合一,简化了通信系统,大大提高了效率。《清会典》载,"凡置邮,曰驿、曰站、曰塘、曰台、曰所、曰铺,各量其途之冲僻而置焉"。清代为加强边疆与内地信息联系,特设通信组织,称为站、台、塘,驿、所、铺,多承旧制设置。邮驿功能均以飞报军情为主,兼有军事侦察、巡视、军需运输等。辽东地区作为满族发源地,是抵御沙俄侵略的前哨,因此,清代帝王都十分重视辽东邮驿的建设。历史上著名的兼具贡道与官府奉公驰驿专用"大站路"(又称"御道"),以及漠河"黄金之路",都是这一时期建设而成。

鸦片战争后,火车、轮船等近代运输工具的迅速发展,新式邮政业务从西方传入中国,旧式传递因其不适应经济发展所带来的大规模信息交流的市场需求而日渐落伍,邮驿制度逐渐衰落。1896年清政府始办新式邮政,发行我国第一枚邮票"大龙邮票",至辛亥革命后民国三年,北洋政府终于宣布驿站全部裁撤,古代邮驿制度正式终结,新式邮政时代开启。

二、古代邮驿文化遗产内容构成

"邮驿不仅是历代封建王朝的御用通信工具,而且也是有组织管理、有计划部署的官方主管部门,同时还兼具部分民间通信职能。'烽燧''驿道''驿站''驿城'等共同构成了重要的线型文化遗产"[1],是将邮驿遗产作为核心资源的线性遗产区域或文化景观。延续千年的邮驿系统留下了大量宝贵的有形文化遗产,包括与邮驿功能直接相关的文化遗产以及因邮驿线路发生发展而衍生的文化遗产两大类,这其中包含了大量不可移动文物与可移动文物。

邮驿物质文化遗产包括如下内容:保障邮驿交通运输相关的道路、桥梁、关隘、渡口、码头、路碑等交通设施;邮亭、传舍、驿站、古驿城等邮驿机构单体建筑及建筑群;为邮驿功能提供如养马、砖窑、打铁、制陶等辅助服务的古遗址、古村镇;与邮驿主题相关重要实物如传车、驿马等交通工具,传递及验证身份信息的羽檄、虎符等;中国古代邮驿自身是一个在管理及立法等方面不断发展完善的体系，因此，留下了邮驿法律法规、管理制度文献，以及大量与驿递相关的诗歌、艺术品、文献、手稿、图书资料等，集中反映了当时社会的真实情况，是重要的见证资料。同时，古驿道驿城的建设发展带动了所在地域的文化、经济、艺术、技术等的进步，虽然与邮驿功能本身没有直接关联，但是这些古遗址、古墓葬、古建筑、石窟寺、石刻、壁画等也应作为历史上因驿道、驿城设置而诞生并促进文明交流的关联要素进行保护。

非物质文化遗产是指"各族人民世代相承的、与群众生活密切相关的各种传统文化表现形式（如民间文学、民俗活动、表演艺术、传统知识和技能，以及与之相关的器具、实物、手工制品等）以及与传统文化表现形式相关的实物和场所（即定期举行传统文化活动或集中展现传统文化表现形式的场所，如歌圩、庙会、传统节日庆典等）"[97]。中国古代邮驿文化源远流长，反映了人类历史文明的流动与发展，在这些古路之上发生了许多著名的历史事件及典故，也留下了许多传说和表述；驿路作为文化艺术宗教等方面的传播通道，促进了社会风俗、礼仪、节庆、民间艺术形式以及传统的手工艺技能等发展。如驿城设立常常承担屯田戍守的任务，因此数百年来，这些军士的后人们也形成了独特的屯堡文化，许多地方戏剧表演的灵感就来自于武事演习。

三、古代邮驿对城市建设的影响

（1）引领古代城镇体系的构建

邮驿系统的建立完善极大推动了我国古代城镇体系的发展，是现代城镇的重要起源。历代驿站的建置主要依靠由城市向四方延伸构成的交通通信线路，体现了中央政府对周边地区的领导和城市之间的相互联系。一方面，线性分布的驿站不仅串联了各级行政体系，在一定程度上扮演了我国古代早期城市选址间距的尺度度量。秦汉时期的邮亭的"亭"，不仅负责驿路之旅的食宿等功能，也是基础的行政单位，发挥着维持地方治安的作用。"十里一亭，亭有长；五亭一乡，乡有牧；十亭一县，县有令、丞、尉"的规划，充分融合了城市布局与行政划分双重效能的考量。另一方面，驿递系统对于集散物资、汇集信息和聚合人才等方面有着重要的意义，极大地促进了城乡的发展。实际上，我国古代政府机构对广大地区的统治，主要是通过控制交通来维持的，正如中国历史地理学者严耕望先生所言，"主要行政措施惟道路之维持与控制，以利政令之推行、物资之集散，祈渐达成民族文化之融合耳。"在秦汉时期对少数民族地区设置的与"县"同级别的行政建制就是直接以"道"命名的。古代政府设置的驿站大多不仅成为古代地方的行政中心，也发展成为地方的经济和文化中心。随着历史的演进，驿站设置本身成为城镇形成的基础。古代地名所见"驿""亭""铺""站"等，往往处在重要的交通节点上，其中大量名称沿用到现在，据统计，现今我国乡镇地名中，以"某驿"为名的超过30%。现代地名常见以"驿""亭""铺""站""台""堡"等，很多都是有古代驿站、驿城转变而来，许多早已成为重要城镇。

中国古代驿站的设置对我城镇化发展作出了重要的贡献，特别是在经济欠发达地区。邮驿机构最初与城内的府衙合并设置，随着隋唐等历史时期城市的宵禁制度及穿越城市干道传递速率下降等影响，邮驿线路逐渐设于城外，甚至绕城而行。因此在主干路之侧新设置的邮驿单位，往往需要有供其转运而成的支撑体系。于是在兼顾传递效率及河流水源供养的因素下，逐渐以驿道两侧和驿传建筑为中心形成了大量的城镇聚落。在边疆地区，以传递军事情报为主要功能的邮驿系统，往往会形成满足军事预警、防御需求的村镇、县城，为我国多民族统一国家的形成起到了重要的塑造作用。尤其在人烟稀少的偏僻之地，驿站往往是一个地区经济发展的发动机。如清代统治者最初在边疆地区设置驿站，就是希望驿站、驿丁能在承担政府差使的同时自给自足，减轻朝廷运送粮草的负担。于是，以驿站为中心的荒地得到大量开垦。东北地区的驿站就扮演了经济发展的开拓者角色，清政府"以站养站"的政策，使得东北驿站的驿们不但有马传递文报，而且有国家拨给的荒地和配发的农具耕牛可以耕田种地。可以说驿递系统在古代东北地区最初的土地开发和城镇体系建设中，相较我国其他地区显示出了尤为独特的作用。

（2）推动古代建筑类型的发展

历朝历代邮驿系统的发展也是一部恢弘壮观的古代建筑发展史。在邮驿系统建筑整体规划方面，经正式规划修筑的国家道路，每隔确定路段各有相应的服务建筑及设施。这些建筑是行政建筑（文书呈递、赈灾救济甚至维护社会治安）、交通建筑、宾馆建筑、商业建筑以及军事建筑的集合体，类型丰富，功能齐备，是一套包含多种职能的综合性建筑体系。

殷商时期甲骨卜辞中"传"或"专"指代驿传、传车和驿站馆舍多种含义，"羁"字则专指道上供食宿之旅舍。周代典制古籍《周礼·地官·遗人》记载，"凡国野之道，十里有庐，庐有饮食；三十里有宿，宿有路室，路室有委，五十里有市，市有候馆，候馆有积。凡委、积之事，巡而比之，以时颁之"[98]，是指无论都市还是僻野的大道，每隔10里设置可提供饮食的"庐"；每隔30里有"宿"，设置提供休息的"路室"；每隔50里设置有"市"，"市"有住宿条件更为优越的"候馆"。

秦汉时期的"传舍"（也称"馆舍""使者舍"）是指交通干道上县以上行政单位设置的交通通信机构以及官办旅馆，为一定级别的官员提供行旅宿歇服务，地方官员一般都要到此谒见因公抵达的政府官员。私人旅舍则被称为"逆旅"。"亭"或"邮亭"是为短途步行传递为主的"邮""邮递"设置的中途停驻之站，设有住宿和馆舍并负责信使的传马和粮食。此外，也有学者认为秦汉"亭"作为地方基层行政机构，又兼有维持治安和征丁收税的功能。隋唐时期官办邮驿建筑为"驿站"和"馆"两种，一般30里一站遍设于交通线上。"驿"（俗称"馆驿"或"驿亭"）兼具通信机构和官方招待所之用，全国分为7等。由于城市实行宵禁，传递急行公文、紧急军情无法按时到达州县官府，故逐渐迁址于州、县城外的干线上，便于防守。"馆"（也称"客馆""宾馆""馆第"）的主要任务是接待过往官员，有两种，一种设于县、州、府城内，另一种设于非干线之上。大量的馆是州县以上地方设置的宾馆，少数设于交通线上，如濠州迥车馆、宣州陵阳馆。在一定的官方批准下，馆可以提高规格为驿。"驿"因兼具通信和负责迎送过往专使与官员的双重功能而建筑形制考究，规模极其宏伟壮观。选址或倚大道，或傍大江。高级驿舍华屋连片，大厅分类众多，有上厅、下厅、正厅、别厅、东厅、西厅等，较大的驿如马嵬驿，还设有佛堂，褒城驿还有池、舟、轩，即使一般的驿也有亭，有楼，有东厅、西厅。驿站外风景环境宜人，树木成荫，驿站旁边还有客舍、邸店。

宋辽时期，因邮件文书的递送功能与接待官员住宿功能完全分开，邮驿建筑分为"递铺"和"馆驿"两种。其中"馆驿"（或称"馆""驿"）只负责过往官员、使者、递夫甚至旅客的食宿，不再承担递送文书的任务。作为地方政府的门面，宋代的馆驿建筑建造考究、风格华丽，十分重视环境经营，甚至要求馆驿或者递铺附近必须植榆树或者柳树，驿路则以杉、松、冬青和杨柳为行道树。规模宏大的馆驿作为国家迎宾馆，主要接待各国使臣，举行国宴。到了元明清时期，驿舍是驿站用来招待使臣的房舍，《马可·波罗游记》中记载了元代驿舍为"宏伟壮丽的建筑物，陈设华丽的房间"。明代管理驿传事务的会同馆是京师全国驿站总枢纽，一是邮驿传递书信功能，二是国家级招待所功能，对外接待来自日本、朝鲜、越南等外国使节和进贡人员，对内则招待王府公差及高级官员的食宿。

总体来看，邮驿建筑的主要功能为传递政治军事信息和接待国内外专员使者的住宿。这些邮驿建筑在邮驿制度的发展变革下，驿递、接待、住宿等功能时而合并，时而独立，共同推动了我国古代建筑形式和功能的拓展。

第四节
辽东古驿道整体保护框架搭建

辽东古驿道整体性保护廊道理论框架的构建主要包含如下几方面：理论构建与关键问题、构成要素与研究层次。理论构建与关键问题，主要是针对古驿道进行遗产廊道标准判别，阐述古道整体性保护廊道需要解决的关键问题；构成要素和研究层次分别阐述驿道廊道构成要素和研究层次分类。最后，综合上述研究建立辽东古驿道整体性保护的理论框架。

一、理论构建与关键问题

（1）理论构建

本研究在整体性保护理论基础上，以遗产保护学、建筑学、城乡规划学、风景园林学学科交叉的方式融合文化线路和遗产廊道思想，提出关于辽东古驿道整体性保护廊道构建的研究框架，具体系统理论阐释如表2-4所示。

研究理论框架　　　　　　　　　　　表2-4

工作内容	技术方法	研究成果预期
文化线路视角下辽东古驿道内涵界定、时空格局、动态性、整体跨文化意义等系统分析	历史文献搜集梳理，图表文字，重点分析，形成结论	文化线路属性的辨析，背景，起源，发展，形态格局，动态性，线路整体的跨文化意义
辽东古驿道主题类型遗产元素真实性构成	数据收集，归类整理，图表文字叙述表达	辽东古驿道物质与非物质遗产元素的主题体系、关联方式、分类及分布特征
辽东古驿道遗产价值评价	通过定量与定性相结合的评价模型对文化遗产进行综合比较、评价	得出多层次的运河遗产廊道价值体系，包括遗产要素价值评价以及宏观整体层次驿道价值评价
辽东古驿道遗产整体保护廊道建构	通过现状困境、预测，提出可供选择的保护机制	根据现状预测当前趋势将带来的未来改变，提出相应的干预方式，主要体现为规划、协调及实施过程的控制

(2) 关键问题

辽东古驿道整体性保护廊道构建的理论框架中，廊道构建工作主要分为线路整体认知、遗产要素登录、价值综合评价和整体保护规划四个阶段。涉及几个关键问题如下。

①线路整体认知阶段——线路背景、历史演变及动态性

判定文化线路系统构成并结合辽东古驿道遗产廊道的特性，对其进行解构和建构是研究的关键。辽东古驿道遗产拥有着不同类型的文化历史资源，这些资源全面地映射出辽东驿道沿线地区历史演化和文化特质。通过国际、国内古迹遗址保护协会及国家文保机构发布的文化线路遗产申遗操作指南、章程法规文件，可以在文化线路视角下对辽东古驿道进行整体认识和分析。在对线路本身和沿线遗产要素的历史范围、形态特征和动态性方面进行科学剖析后，进一步对线路作为整体的跨文化意义进行提炼，以实现对线路遗产的有序保护和整合。

②遗产要素登录阶段——遗产主题类型、关联模式分析

辽东古驿道整体性保护廊道的核心资源是古驿道遗产，研究的首要任务是资源调查整理。首先对辽东驿道沿线各驿城实际踏查，结合数据统计重点建立功能类型主题体系对古代驿道沿线庞杂的遗产要素进行梳理，进而对遗产要素进行关联模式研究，筛选核心遗产价值载体进行遗产资源登录。需结合各类历史文献资料等对遗产要素进行科学界定。在考察的过程中同时关注驿道沿线背景环境中的自然因素，但不分析自然生态资源，以历史资源保护研究为主。

③价值认识评价阶段——认识和评价线路各层级价值

对辽东古驿道进行价值再认识和评价是整体性保护的重点步骤。这部分研究内容主要是在辽东古驿道资源调查的基础上，通过价值认识评价筛选构建遗产廊道的遗产资源要素。主要步骤是通过定性与定量相结合的手段，建立有针对性的辽东古驿道价值评价体系，对遗产资源进行筛选排序，根据价值评价结果确立相应的保护级别，为遗产资源的优先利用提供科学依据。

④整体保护规划阶段——构建整体廊道空间保护格局

整体保护规划阶段是构建遗产廊道的核心内容。在上述研究结果基础上进行系统优化，建构辽东古驿道整体性保护廊道空间格局。对廊道空间进行多尺度、多层结构规划，同时与绿道、游步道设计、解说体系相结合，建立完善的保护机制，可有效整合遗产廊道多元资源、多维结构，实现廊道格局的维护，促进经济效益，实现文化可持续发展。

二、研究层次与研究流程

（1）研究层次

辽东古驿道整体性保护廊道的建构，主要包括国土、区域、城镇聚落、历史地段、遗产单体五个层次，如表2-5所示。

辽东古驿道遗产研究尺度对应我国文物保护层次　　　　表2-5

辽东古驿道研究尺度	我国文物保护层次
国土尺度	—
区域尺度	—
城镇聚落	历史文化名城，历史文化名镇（村）
历史地段	历史文化街区，文化遗产聚集区
遗产单体	文物保护单位

（2）研究流程

结合前文对遗产廊道构建的研究，辽东古驿道整体性保护廊道构建的流程主要包含以下五方面：首先，对辽东古驿道进行背景、内涵、结构、动态性等方面的文化线路特征识别，进而确定该线路资源的整体价值明显突出于遗产单体价值，使本遗产区域具有文化遗产级别以及整体性保护的重要性和必要性。其次，进行辽东古驿道遗产资源的调查与主题框架确立和关联方式分析，建立线路遗产资源清单。本书主要以古代文化线路视角中的遗产资源进行研究，虽然线路沿线还包含其他时期、其他类型遗产，在此不纳入讨论范围。再次，进行辽东古驿道遗产资源的价值认识与综合评价，从物质与非物质文化遗产价值以及古驿道线路整体价值两个层面探讨价值的高低，为廊道保护目标和规划策略的选择提供科学依据。从次，建立辽东古驿道整体性保护廊道的整体保护格局。确定辽东古驿道整体性保护廊道构建的目标和原则，从国土层次、区域层次、城镇聚落层次、历史地段层次和遗产单体层次建立五重规划保护格局，结合遗产廊道要素构成内容规划各层次解说系统、绿道系统、公共设施系统等支持系统。最后，从保护体系、协作平台、法律保障和公众参与四个方面提出建立辽东古驿道整体性保护廊道的保护机制，如图2-4所示。

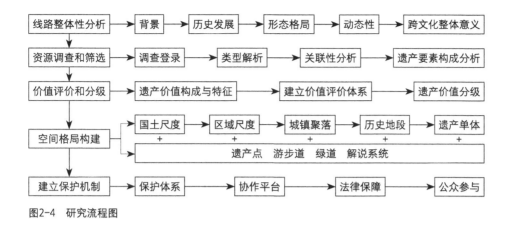

图2-4 研究流程图

第五节
本章小结

本章首先介绍了国际遗产领域文化遗产整体性保护的基本理论，包括文化线路与遗产廊道两方面的概念和特点、构成要素和判定标准等，进一步对整体性保护理论具体应用于我国本土实践的路径进行了思考。其次，对线性文化遗产整体性保护的相关理论进行了介绍。从中国邮驿文化遗产的历史发展、内容构成与对城市建设的影响进行分析总结，明确对辽东古驿道作为我国邮驿文化遗产进行整体性保护的重要意义。最后，按照规划目标和系统构成、研究层次和研究流程的逻辑进行论述，根据遗产廊道理论与辽东古驿道特征相结合，建立多层次、系统性的辽东古驿道整体性保护理论框架。

第三章 文化线路视角下的辽东古驿道整体分析

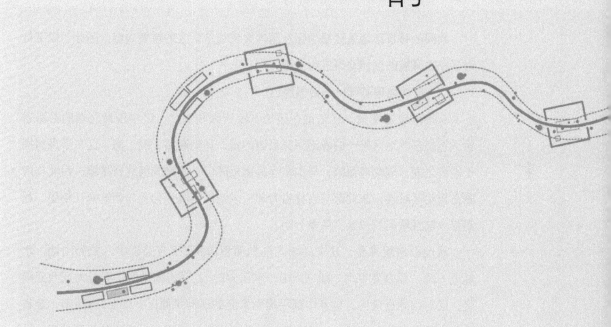

本章从文化线路的视野，对辽东地区古驿道整体进行综合分析。对辽东古驿道线路的背景、历史演变、形态格局及动态性特征等方面进行辨别和总结性阐述，深刻揭示辽东古驿道遗产资源的形成根源与特征。在此基础上，归纳建立辽东古驿道文化线路的功能层次。最后阐释辽东古驿道作为文化线路的内涵，为下一步遗产要素筛选、价值评价以及廊道构建奠定基础。

第一节
辽东古驿道背景诠释

一、辽东古驿道区域背景

共同的背景环境关联是国际及国内文化线路认定的首要内容，因此，以下针对辽东古驿道的区域背景进行分析。

（1）自然地理基础——自然底色

从地理位置来看，辽东地在区位于欧亚大陆东岸，是中国最北端的沿海省份，也是东北地区唯一的既沿海又沿边的省。其南濒黄、渤二海，辽东半岛斜插于两海之间，隔渤海海峡，与山东半岛遥相呼应；西南与河北省接壤；西北与内蒙古自治区毗连；东北部与吉林省为邻；东南以鸭绿江为界与朝鲜隔江相望。属温带大陆性季风气候区，四季分明。

从地形地貌来看，辽宁省境内陆地面积14.8万平方公里中六成为山地，水域近一成，其余为平地，即"六山一水三分田"。[99]省内地形主要分为辽西丘陵区、辽东山地丘陵区，以及中部平坦而丰肥的辽河平原区，如图3-1所示。全省地势大致为自北向南倾斜，呈现着从陆地向海洋的缓降，山地丘陵分列东西，地势向中部平原下降，呈马蹄形环抱渤海湾。从水系分布来看，"辽宁省境内共计大小河流300余条，主要水系有辽河、浑河、大凌河、太子河以及国界河鸭绿江等。"[100]重要的区位和优良的自然背景环境为辽东邮驿文化线路的起源和发展打下了良好的基础。同时，驿路干线及支线蜿蜒伸展跨越于山海间，沿线地形地貌变化复杂，丰富多样，将一系列不同的自然景观类型，作为整体的、连续的、具有过渡的自然景观系统呈现在人们面前，将古辽东地区秀丽壮阔的自然风景一览无余。

图3-1 辽宁地貌示意图[111]

（2）人文环境背景——人文底蕴

东北边疆地区自古就是多民族聚居区，高句丽族、蒙古族、契丹族、满族等少数民族不断活跃于历史舞台，辽宁省因其东北及东北亚文明交流通道的核心区位成为中国少数民族人口较多的省份之一。"2017年末，辽宁省全省常住人口4368.9万人，少数民族人口达670万人，占辽宁省总人口的16.02%。省内除汉族以外，还有满族、蒙古族、回族、朝鲜族、锡伯族等55个少数民族。从全国来看，辽宁省少数民族人口绝对数量列中国第五位；少数民族占总人口的比例则居第十位。"[101]独特的人口构成形成了文化独特的内在形态，少数民族之间以及汉族和少数民族之间形成了民族文化、习俗深刻的聚合与融合。交融成果持续而深入地在民族文化内涵中深深积淀，并强化了各民族原有的文化特质。在长期生活中，各民族逐渐在饮食、居室建筑、服饰、婚姻、节日喜庆等方面，形成了不同的风俗习惯和丰富多彩的民族民俗风情，这赋予了辽东古驿道本身天然多彩、浓郁的少数民族文化底色。本研究所指辽东古驿道包括不同历史时期的陆路、水陆驿路及相关交通设施历史遗存、城镇聚落及背景环境，线路整体串联了辽宁省全部14个地级市及相关县区。这些驿道线路反映了民族源流的复杂敏感、社会文化习俗的多样重叠，极为鲜明地揭示了辽宁兼容并蓄的独特人文地理特征。

二、辽东古驿道区位特征

（1）通道性特征

从宏观区位来看，辽宁地处亚欧大陆东岸，东北亚前沿的黄、渤海北岸和辽河流域，其南部辽东半岛与山东半岛环抱渤海湾，西南与河北省接壤，西北与内蒙古自治区毗连，东北部与吉林省为邻，东南则以鸭绿江为界与朝鲜隔江相望。作为中国最北端的沿海省份，也是东北地区唯一既沿海又沿边的省，体现了得天独厚的海陆交通通道性区位特征。至少在距今五六千年以前的新石器时代中期，远古部族先民们就已借海陆交通便利性持续开展部族往来、迁徙、渔猎、农业、游牧等活动，开启了东北及东北亚环黄、渤海地区古人类文化交流通道。在随后的千年社会历史更迭中，辽东一直是东北亚古代文明繁荣中脊和前沿，是东北及东北亚区域的核心枢纽地带，在人类历史文明交流的舞台上显示出了深厚的积淀以及鲜明的历史承继关系。

（2）边界性特征

在进入社会历史时期后，辽东地区在海陆通道性特征的基础上进一步显示出了边界性特征。一方面，辽东地区先秦至近代一直承担着中原北出塞外、中原沟通东北各少数民族地方政权实行边域管理的重任，另一方面由于古辽东境内中原汉族系与乌桓、鲜卑、高句丽、渤海、女真、蒙古、满族等北方东胡族系、肃慎族系民族先后在这一带活动，各民族或合作或竞争，或冲突或交融，农耕文化、游牧文化以及渔猎文化在这里持续碰撞融合。政权边界、军事边界与多元少数民族部族边界，在辽东地区交织、重叠，因此，赋予了地理空间更为丰富的层次和内涵。

在区位特征的影响下，辽宁地区自古作为多民族政权势力之间对抗、合作的军事要地，多元民族文化发展的沃土以及保卫疆土完整的军事屏障，成为东北及东北亚海陆文明的核心交流区域，其域内文明形态在历史上发生着连续的动态的变化，真实地反映出东北及东北亚各地区在历史上持续的文化、政治、经济交流，为多种类型跨地区跨文化线性文化遗产的形成奠定了基础。

第二节
辽东古驿道历史演变分析

辽东古驿道的开拓与发展不仅与我国邮驿制度的发展同步,也与东北以及东北亚地区古代交通的发展息息相关,形成了独特的特色。因此,本书在东北及东北亚发展的语境中,根据东北交通历史专家王绵厚先生的研究成果,分别从"自然交通"与"社会交通"时期追溯辽东古驿道文化线路的历史演变。

一、远古交通开拓中的辽东古道雏形

从整体自然地理环境来看,古代辽东地区地势整体主要为西部燕山余脉丘陵地带,东部以长白山及其余脉千山为主干,纵贯辽东半岛绵延至黄海、渤海两岸,同时自北向南,自东西两侧向中部倾斜中部辽河平原下降,呈马蹄形蔓延向渤海海湾。依托原始自然山川地理形态,活跃于东北南部广阔地区的远古先民们于环黄、渤海两岸、胶辽两半岛、朝鲜半岛、日本列岛之间开始了部族间频繁的交通往来,迁徙、渔猎、农业、游牧等经济活动的活跃开启了东北及东北亚前沿地区古人类文化交流。20世纪考古证明,在胶、辽两半岛、朝鲜半岛及日本列岛调查与发掘的诸多原始社会遗址(如"陶舟"模型、巨型石网坠的发现)、"细石器文化"、"红山文化"等年代一致及文化同源性资料证明,至少在距今五六千年以前的新石器时代中期,环黄、渤海两岸原始部族先民们不仅于山川海河间开拓了荒野之路,也成为古代辽东半岛南部海上交通的最初领航者,沟通了东北及东北亚古代部族间的经济、文化信息,也为古代辽东地区后续的海、陆交通发展和建置地理的开拓打下了良好的基础。

二、社会交通变迁中的辽东驿道沿革

"社会交通是进入历史时期的文明国家后,以交通设施(如道路、关隘、桥津)、交通工具(如车、马、船)和交通制度(如律令、传驿、管理)等代表的、具有成熟社会人文意义的社会交通文化。"[102]13进入古代社会交通历史时期后,辽东地区先秦至近代一直都是我国南北地区海路陆路联系的交通线核心所在,历代政府都格外重视这一地区的经营、管辖和交通开设,同时也重视结合军事防御体系建立交通网络。天然重要的地理位置促进了辽东地区古代社会交通体系逐渐完善,成为连接我国中原与东北及东北亚地区的陆路、海路交通线,也成为经济、政治、军事及文化交流的重要甬道,从古至今,贯穿始终。

(1)燕秦入贡活动推动下的驿路雏形(公元前2000~公元前207年)

先秦时期,黄、渤海沿岸的"东夷文化圈"一直是开发较早的活跃地带,中国北方部族方国与夏、商、周中州之地王室一直保持着"通贡"关系。这个时期周王室对全国道路的开拓建设为这些部族方国深入到黄河流域的入贡活动打下了良好的基础,并成为东北及东北亚地区重要的交通枢纽及文明坐标。《尔雅·释地》云:"燕曰幽州。"是谓《周礼》中的"东北曰幽州"之地,地据古燕地至辽海渤碣。故连接黄河中下游与东北亚纵深区域的中国东北部族方国的最主要交通干道被称为"幽州之道"。这条古道分四个方向:沿黄、渤海北岸傍海东北行,由幽州渤碣之间的令支、无终、孤竹、屠何、青丘道至辽东的"傍海道";继续向东行朝鲜半岛之"岛夷"的"箕子"方国道;东北行转松花江和长白山南北的高夷、濊貊、肃慎至日本海沿岸的"荒服"之道;以及一条由古幽州之境北出燕山山脉,沿太行山和桑干河北上,进入辽河流域的燕山以北和坝上草原的"草原之道"。除北行草原之道缺少文字记载之外,这些东北亚早期部族方国入贡要道延续千余年,奠定了辽东地区古代官道驿道最初的结构及走向。

"继夏、商、周三代在中国东北和东北亚部族方国交通道路开拓后,至公元前4~公元前3世纪的战国末期,东北亚古代交通史和行政建置历史上进入划时代的阶段,从分散的部族方国交通向地域相对集中、管理范畴明确的'郡、国、县(邑)'体制的社会交通历史转变。"[102]29《史记·匈奴列传》:"其后燕有贤将秦开,为质于胡,胡甚信之。归而袭破东胡,东胡却千余里……燕亦筑长城,自造阳至襄平。置上谷、渔阳、右北平、辽西、辽东郡以却胡。当世之时,冠带战国七,而三国边于匈奴"[103],记载了我国东北地区最早的郡县制体系,即燕昭王以后开拓于3世纪"秦开却胡"时代的燕国早期"五郡"治地,也是东北地区有明确文献记录郡县建设之始,是带有强烈军事功能的镇城。燕国虽然发展较中原为晚,但是在春秋时期道路和邮驿的建设就已迅速跟上,境内大道沿途庐室林立,馆舍整洁,"夜可以寝,昼可以憩,有井以备饮食,有舍以为藩蔽"。

秦并天下后,据《汉书》记载,以秦都咸阳为中心修国家干道,即"驰道",据专家分析,因秦之短祚,在东北地区的交通应多因燕国之旧,也就是继承燕国开设的幽州"五郡"之古道。同时,秦代也在中国历史上第一次明确地将修驰道与城、障、亭、燧戍边统一纳入军政交通的管理体制。因此,在辽东地区除了

"五郡交通"之外,也留下了大量的燕秦长城相关的"戍边道"遗迹,如秦代刻款陶量和秦半两钱等。

(2)汉魏郡县制度引领下的驿路开拓(公元前2~3世纪)

秦汉时期,郡县建制作为地理坐标开始引领东北地区古代驿路交通主线建设。至汉魏四个多世纪,按照《汉书·地理志》记载,东北依然承燕秦设置"幽州",北缘自西向东的上谷、渔阳、右北平、辽西、辽东五郡,统属于幽州刺史部,其中辽东郡18县、玄菟郡3县、辽西郡14县、右北平郡16县。后汉武帝元封年间又增设了玄菟、乐浪、真番、临屯"朝鲜四郡"。由此,形成了以辽东郡首府襄平(今辽阳)和辽西郡首府且虑(今朝阳)、阳乐、右北平郡治平刚以及乐浪郡等郡城为中心交通枢纽出发相互连接的纵横交错的陆路驿道交通网络,并进一步向朝鲜半岛扩展行至日本列岛。其中以乐浪为中心的四郡设立,"不仅是汉魏时代中国东北和东北亚最早设置的统属于西汉'十三州刺史'的郡县建置,而且是东北地区由部族、方国间的邦国、部族交通,进入郡、国、县、邑之交通的重要奠基。"[102]22自此,朝鲜半岛上及东行日本的古代交通进入汉帝国郡县体制管理,也开启了"汉郡文化"深入传播至朝鲜半岛和日本的历史时期。"以两汉统一帝国体制为中心的东北亚交通史进入真正的开拓期和奠基期,也是东北地区与朝鲜半岛、日本群岛有文献记载的真正文化交流期,是第一个以郡县体制为基础的东北交通的开拓发展时期"[102]35,如图3-2所示。

图3-2 辽阳北园一号东汉晚期墓壁画的车马出行画像摹本

(3)两晋南北朝边域水陆交通的拓展(3~6世纪)

在东北断代史上,两晋南北朝时期指公孙氏政权割据辽东结束和三国鼎立结束,由西晋统一,其后经东晋十六国和南北朝,在北方经历"三燕"(前燕、后燕、北燕)和北魏、北齐至隋唐统一的581年。这一时期最重要的特征是随着汉魏晋的航海和造船技术东传高句丽、百济、"三韩"和日本列岛，使得东北亚诸部族、方国间的水、陆交通进一步拓展。东北边郡的部族交通贡道和以鸭绿江东朝鲜半岛为中界的高句丽、百济、新罗和日本道，留下了大量辽东高句丽以及幽州和平州东行朝鲜半岛日本的重要交通历史遗迹，这些文化遗产证明了骑射文化传统东传的路径。此时，陆路交通主要沿用汉魏故道，有中原北出塞外的卢龙塞三道、以"龙城"（今朝阳市）为中心的辽西要道和以辽东"平州"（古襄平，今辽阳市）为中心的陆路干线。

（4）隋唐五代（含渤海国）延续与新拓（8～10世纪）

隋初结束了250多年的战乱分裂，恢复了南北交通因政权分立而阻隔的情况。至唐代统一全国后完善了"道、府（州）、县"四级中央集权的行政建置。8～10世纪盛唐文化正处于当时世界文化格局高峰，在这样的历史背景下唐代交通制度和交通文化臻于完善。此时辽东地区为唐代属地处边州的"安东都护府"以及辽西"营州上都督府"所辖。安东都护府（今辽阳）为唐代六大边镇都护府之首，不仅境内驿道通达兴盛，也实现了东北亚大区域范围的水陆交通跨海驿道交通的发展。再有，据唐代著名地理家贾耽所撰写的《皇华四达记》中记载的《边州入四夷》之"七道"中，头两道首先涉及中国东北和东北亚地区：其一为"营州入安东道"，其二"登州海行入高丽、渤海道"[104]。这两道亦称"长岭营州道"和"鸭绿朝贡道"，为唐代辽东驿路交通的主要干线。渤海是唐代由中国东北靺鞨族建立的国家，交通文化与盛唐的渊源甚深，其效仿汉唐郡县制，以上京龙泉府为中心，开辟了通往唐朝以及邻族、邻国的五条交通道，推动东北北部交通驿道进一步开辟。在盛唐200年间，辽东地区与朝鲜半岛新罗、日本诸地及"海东盛国"渤海国的水陆交通联系密切，是这一时期东北亚古代交通上最新开拓的环日本海和渤海北岸的重要交通道，唐朝的使节和渤海的贡使往来频繁，对渤海国政治、经济、文化的发展有重大影响，开启了东北亚地区交通地理的新阶段。

此外，隋唐两代先后计十余次大规模东征辽东高句丽是隋唐历史上具有全局影响的大事，也进一步对辽东驿路交通地理和建置进行了重新调整和增补，增加了"怀远""汝罗""通定"等新地名，为辽代的东京至中京的交通驿道开拓打下了基础。

（5）辽金元草原驿路开拓与强化（10～14世纪）

从10世纪初开始，兴起于辽河上游西拉木伦河和老哈河"两河流域"的契丹族建立"大辽"。从此，在中古时代的中国北方和东北亚历史上，经历了辽、金、元三个以少数民族占统治地位的封建国家。草原城市的崛起促进各代行政建制城镇间的交通进一步发达，经过这三个朝代的开辟及拓展，形成了包括整个中国东北及大部分东北亚邻国之间纵横广阔的新交通网络，为明朝时建立覆盖东北地区的整体驿路驿站交通奠定了基础。

辽代与宋南北并立时期，为了控制疆土以今内蒙古自治区巴林左旗林东镇南波罗城之"上京"为中心，实行"五京制"，五京之间均以驿道驿馆连接。东京辽阳府是辽朝在东北地区的中心，驿路四通八达。以东京为中心，至中京大定府，沿途设驿馆14处，其中辽水馆、唐叶馆、建安馆、三河驿等较为著名，驿馆间距50~100里不等，至黑龙江流域和朝鲜半岛。辽王朝开辟了从上京临潢府至黑龙江下游奴儿干城五千余里驿道。作为辽统治者向当地女真人索要海东青鹰的通道，此道又被称"鹰道"。辽代驿道的设置因其地理位置不同，或贯通南北成为宋辽两国使者相互联系的重要媒介和保障，或在边域防止渤海国旧民、高句丽的造反而具有军事意义。

12世纪初叶金朝建立，版图广袤万里，因此十分重视交通地理的开拓来加强管理。金代以上京会宁府（今黑龙江省阿城白城）和东京辽阳府（今辽阳市）为中心通往各地，主要有三条干道：东京南行金、复诸州的濒海道；东京东行至鸭绿江畔的婆娑府道；由沈州西北行懿州、兴中道。贯穿于渤海与东北辽河平原之间3000多里长的驿道成为整个东北内陆的交通干线。

元代是我国历史上疆域极盛的东北亚草原帝国。经过与蒙古和金朝的战争，辽、金时代发展起来的驿道驿城曾经受损严重。《大元一统志》记载："城皆渤海、辽、金所建，元废，城址犹存。"[105]因此，元朝建国后积极建设州城，开辟驿道，移民屯田，奖励耕织，东北经济又逐渐恢复发展起来。其中以大都（今北京）为中心在全国各地设立星罗棋布、四通八达的驿站体系就是元朝政府开国时期为了统驭边域巩固统治，加强中央与地方联系实施的最重要举措，站赤驿道的完善更成为庞大的蒙元帝国的基本国策。元朝驿站（站赤）制度整合宋、辽、金故道并开辟新驿道，在辽金旧道不达之地开辟了更多新道。

站赤管理制度是元朝统治机构的重要组成部分，担负着"通达边情、布宣号令"的重要任务，其分布塑造了东北亚核心区域的主要驿道干线。在元代的中国东北和东北亚地区，其陆路交通及站赤分布，是以岭北行省为蒙元故地，连接由大都、上都和林汗城为主线的草原交通，这是元代的北方交通干道。这条由大都北行元上都开平府和蒙古汗国和林的草原之道，是元代新拓展的东北亚西部纵贯草原南北、岭北行省之南北通道；东北则集中于辽阳行省的路、府、州、县；朝鲜半岛和日本的水、陆交通，则基本上继承了辽、金两代的基础。据元《经世大典·站赤》记载："在今东北地区的辽阳等处行中书省范围内，设置站赤120余处。"[106]所以岭北和辽阳二行省，是14世纪东北及东北亚交通的核心枢纽。

东北地区驿站体系从辽代至元代逐步明确，对东北边疆建设和经济发展具有重要意义，并为明清两代东北地区政治经济的整体开发以及交通的进一步发展奠定了坚实的基础。尤其是东北和岭北驿站的设立，对北部边疆的建设、经济的发展和民族变迁都有重要意义，并为明、清两代东北亚地区政治、经济的开发，以及交通、建置地理的进一步发展，奠定了坚实的历史基础。

（6）明清时期驿道网络完善与成型（14~19世纪）

明、清两代特别重视东北边疆的交通管理，东有朝鲜和日本，北有俄罗斯，而且少数民族遍布，其中女真、蒙古族的势力强大。因此，东北地区驿传的军事性质较之内地非常突出，驿传的主要目的是为军事服务。

明代东北地区驿站设置与政权制度息息相关。明统一全国，明朝宣德以后撤元代行省州县制度，在全国设立两京十三布政司与边疆的卫所制度。为了加强中央与东北地区以及东北边疆各少数民族的联系和管理，则在元代岭北和辽阳行省站赤的基础上建立了辽东都司（今辽阳）和奴儿干都司统辖东北，而采取的重要措施就是在辖区内广设驿站开辟驿路，以辽东都司的政治中心辽阳为中心形成了向四周辐射的交通网络，并通向北边的奴儿干地区和东边的朝鲜。完善地方行政机构的措施，尤其是开国之初建立的驿站将边防重镇连接起来作为重点，以保证公文传递的畅通和军队、军需物质的迅速调动，使东北地区政局军情有效趋于稳定。明代驿站由都指挥使司及卫所直接管理，后期又与辽东边墙整体形成了海陆空一体军事聚落防御体系。由于东北地区的特殊军事政治地位，东北边疆地广人稀，居民大多为军队或其家属，另外少数民族经常南下骚扰，需要以兵守卫，因此实行"军政合一"的地方基层政权机构"卫所制度"。实际上，追溯其历史根源，东北历代少数民族政权基本都实行"军政合一"的地方统治制度，如辽代的部族军州制、金代的猛安谋克制，以及后来清代的八旗制度。另外，明代初期东北地区实行屯田制，军户数量较多，内地的行政制度不适合东北的实情。都司下设置"卫"和"所"，代替内地的府县。与内地都司、卫所只管军事、不管民政的情况不同，东北地区的都司和卫所集军事和民政于一体。行政机构的建立不仅是为了封疆治理，还为东北各地交通的发展奠定了基础。

明代"凡邮传在京师曰会同馆，在外曰驿，曰递运所，皆以符验关券行之"[107]。中央由兵部车驾清吏司管理，地方驿站设置驿丞，递运所设置大使。

内地"驿丞典邮传迎送之事，凡舟车、夫马、廪糗、庖馔、裯帐视使客之品秩、仆夫之多寡，而谨供应之"[108]。东北与内地驿站迎来送往的主要任务不同，东北等边境地区的驿站军事色彩浓厚，《辽东志》[109]与《全辽志》[110]中记载的东北驿道如"海西东水陆城站"和"海西西水陆城站"，大都依托卫所形成驿站交通管理体系，设置驿站的目的主要是传军令、运输军需品。在辽东都司管辖下，明政府还设有"夷人馆""朝鲜馆"，专管朝鲜和少数民族驿务。

明代辽东地区驿站以辽金元故道为基础，增设陆路驿站、水路交通线，使东北地区交通线形成发达的覆盖全东北纵横交错的交通路网。与前代相比站点数量和线路总长缩减，但是对原有线路进行了调整并开辟了几条新线路，使东北地区的驿路交通布局更加合理。作为驿站的补充形式，明代在东北补设了用于递运官方贡品物资及军需用品的"递运所"和快速邮递网络"急递铺"两种交通机构。明代东北亚交通相比元以前的重大进步，是海上和内河漕运能力明显加强、港口和航线的进一步开辟，以及与朝鲜、日本交流的加强。为清中叶以后和近代中国北方和东北亚区域的海、陆交通的持续发展打下了良好的基础。

清朝政府格外重视对东北地区的经营、管辖和交通开设，先后设置盛京将军、吉林将军和黑龙江将军，统治今东北三省和内蒙古东部地区。东北地区驿站的设置，保证了"三将军"之间、与北京之间的联系，各军事重镇、边防要塞和将军地区之间的联系，也为连接朝鲜、日本的东北亚水陆交通提供了方便条件。这一时期东北地区的总交通枢纽从辽阳转移到盛京（今沈阳），并在明朝驿路线路的基础上补充和调整驿站，使东北地区的交通四通八达。以盛京为中心，西至山海关共有驿站13个，东至"兴京"（今辽宁新宾）有4站。南至朝鲜有7站，东北至宁古塔有3站，全境总计29处驿站，形成了广大的驿站网络。其中，从北京经过山海关走辽西走廊连接盛京，北上吉林乌喇、齐齐哈尔、暖浑的南北线最为繁忙，也是清朝政府最用心经营的线路，被称为"大路站""御道"。辽南的线路则以急递铺为主，撤销了地运所设置。清末至民国外忧内患，在西方工业革命所带来的交通运输工具的革新及大发展趋势下，加之沙俄借口修筑西伯利亚铁路在东北修建了从黑龙江直达旅顺口的贯通辽东半岛的"T"字形中东铁路，中国东北地区的邮驿系统于民国初年逐渐废止。

第三节
辽东古驿道形态特征分析

一、辽东古驿道空间结构分析

（1）驿道空间结构历史发展

从东北地区整体交通发展来看，辽东古驿道自秦汉时期起至清代，在环黄渤海两岸先后以辽阳、朝阳、沈阳为核心交通枢纽，逐渐形成辐射边郡的网状结构形态，发展出四通八达的驿道交通网络。辽东古驿道线路于山川海河间顺应地理地势，因地制宜不断延伸发展，线路覆盖辽宁省全境，并以东北—西南与东西方向为主，保持着持续稳定的交流，如图3-3所示。

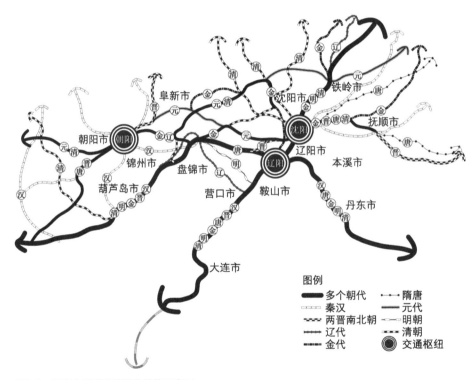

图3-3 辽东古驿道线路整体结构示意图

（2）驿道分区形态结构特征

根据《辽宁省志·地理志·建置志》[111]中的地理分区方式，全省分为五个地理区，即辽东地区、辽南地区、辽中地区、辽西地区和辽北地区。这种分类方式，非自然地理，也非经济地理，兼具自然和人文地理互相结合的综合性特点，与本研究传承地区历史、面向现在及未来发展的目标相契合。辽中地区在古代主要为辽东地区交通枢纽核心区域，各个方向线路均交汇于此并通过该地区转道，因此，本书将辽中地区作为中心点，其区域内通行路径纳入其他四个各方向线路统一论述，以保证连贯性。根据前文，以辽东古驿道历代高频率使用线路结果为基础，结合辽宁地区综合区划地理分区方式，将辽东古驿道整体结构梳理为：以辽中地区为核心枢纽的四个方向线路，即辽西走廊线、辽北平原线、辽东山地线、辽南海陆线（图3-4）。纵观线路整体结构，辽东古驿道形成了包含四大主线、30多条支线的古驿道线路网络系统，贯穿今日辽宁全省14个地级市、101个区县，其中陆路驿道主线全长约15000多公里。

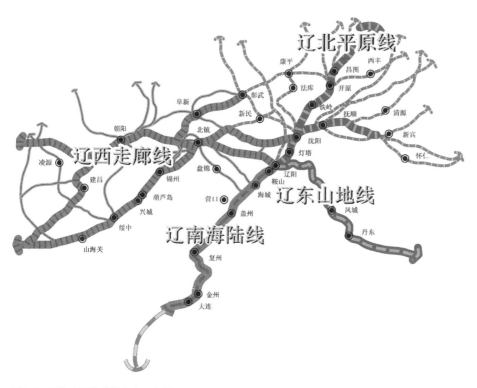

图3-4 辽东古驿道线路走向示意图

从线路分区来看，四个区域线路各自呈现出不同的结构形态特征。辽西走廊线的主要路径为从古幽州（今河北省内）出发，自西向东北方向平行的两条通道区域，分别是以大凌河河谷为依托的河谷古驿道，以及隋唐之后逐渐发展起来的渤海湾傍海道。这两条通道主线在大凌河河谷和渤海湾沿岸之间摆荡，同时形成了结构较为复杂、数量较多的支线，二者共同交织生长，呈现方向性莲藕型网状结构。辽西走廊线入关经朝阳、锦州等重要枢纽在到达辽东核心交通枢纽辽阳后，或与辽北平原线连接后，北上通往今吉林和黑龙江省，或继续东行进入辽东山地线,去往朝鲜半岛,或南下至辽东半岛南端至旅顺口,转海路去往山东半岛与中原腹地相连。受辽金元时期草原政权政治中心设置地点不断变化的影响,辽北平原线与辽西走廊线衔接融合较多,并在明清时期逐渐延伸前行至呼伦贝尔草原、讷河市及宁古城。辽东山地线与辽南海陆线驿道结构较单一,千年来驿道走向、驿城位置基本保持稳定。辽东山地线驿站与军防结合尤其紧密,受山地地形限制,数量较少,但是驿站之间间隔较长。辽南海陆线整体结构稳定,充分利用濒临黄、渤海两岸的优势,呈现出海运、河运和陆路联运的结构。

二、辽东古驿道各线特征分析

辽东古驿道蜿蜒千年不断更新发展,最终形成以辽中地区为核心交通枢纽的四个方向线路,即辽西走廊线、辽北平原线、辽东山地线、辽南陆海线。上文对辽东古驿道的整体形态结构进行了总体分析,以下对各线路特征进行详细分析。

(1) 辽西走廊线

根据东北历史考古学专家王绵厚先生考证,辽西走廊域内驿路为东北最早开发的社会交通线路,是"通向朝鲜半岛的'岛夷皮服夹右碣石入于河'的东北亚沿海交通廊道"[112],也是辽东历史上使用频率最高的驿路交通线路。辽西地区西南部位于七老图山、燕山与努鲁儿虎山、黑山交界地带,大部分位于辽西低山丘陵区内,西北位于辽西低山丘陵区与内蒙古高原的过渡地带,因此山脉呈现东北—西南走向(自西向东依次为努鲁尔虎山、大青山脉、黑山山脉和松岭山脉、医巫闾山脉)。辽西地区的南部为狭长的沿海平原;中部山脉之间为宽阔的河谷平原;东南部邻辽东湾,海岸线东起锦县市大凌河口,西至山海关老龙头北侧,即辽河平原和大凌河、小凌河冲积平原;东北部则包含了部分辽北低丘。这条线路依托地形地貌分为南北两条主道以及许多支线,沿着辽西丘陵河谷及滨海狭长平原地势地貌蜿蜒交织,沿渤海西岸和北岸,贯穿辽西、辽东,于辽东郡枢纽汇合后连接至黄海北岸,线路几经发展完善,总体结构呈现方向性莲藕状。辽西走廊线主要路径是"从北京(汉魏晋唐幽州、元大都、明北平)出发至渔阳、蓟州(今北京、天津附近)及河北玉田县境内无终,由无终分为南北二道,即辽西傍海道和大凌河古(谷)道"[113]。北道为沿大凌河河谷东北上行的大凌河古道,南道则为傍渤海东北行的傍海道,往古辽东郡方向的要道都最终交汇于朝阳(汉柳城),再前往辽阳(秦汉襄平,明辽东都司),继续转道至东北腹地,如表3-1所示。

辽西走廊线南道（傍海道）主要历史变迁[113]、[102]13　　　表3-1

历史时期	主要线路名称	路线及节点
隋唐之前	"傍海道""渝关道""碣石道""卢龙东道""徒河东道"	无终—滦河下游古"海阳"、卢龙，沿渤海湾东行，至令支—阳乐、絫县—山海关（渝关）—碣石—徒河—昌黎，或北行柳城再转至昌黎、棘城—交黎，过医巫闾山，至汉辽东郡（今辽阳）转至东北内陆及朝鲜半岛
辽代	中原出榆关道	幽州—平州—榆关—锦州—海北州—显州—铁州—南海府—东京
金代	金代上京会宁府—燕京—雄州道	营州—渝关—润州—迁州—来州—习州—海云寺—红花务—锦州—十三山—刘家庄—显州—兔儿涡—梁鱼务—平津馆—孛董寨—沈州
明代	辽阳西行到山海关驿道	京师—山海关—高岭驿—东关驿—曹庄驿—连山驿—杏山驿—小凌河驿—十三山驿—闾阳驿—义州驿—牵马岭驿—广宁驿—盘山驿—高平驿—沙岭驿—牛庄驿—辽东都司
清代	盛京至山海关站	山海关—凉水河—东关—宁远—高桥驿—小凌河—十三山—广宁—小黑山—二道井—白旗堡—新民—巨流河—老边—盛京

辽西版图在古代是一个更为复合的人文地理概念，基本包括了医巫闾山以西，北至西拉木伦河两侧，南至燕山以北，包括西拉木伦河、老哈河、大小凌河、滦河及其支流地区在内的广大地区。自先秦时期这个区域是由中原出塞通往辽西和东北地区腹地的重要通道，是沟通山海关内外的重要通道。作为边界性的区域，天然成为周边多个政权势力不断争夺这一地区控制权过程的甬道，同时意味着该地区文明形态发生着连续动态的变化，这使得"辽西"作为区域人文地理学意义上的概念更具有其特殊的历史重要性。民族学专家崔向东先生认为中原汉族系与肃慎、乌桓、鲜卑、高句丽、契丹、渤海、女真、蒙古、满洲等北方东胡族系、东北肃慎族系民族先后在这一带活动，各民族或合作或竞争，或冲突或交融，农耕文化、游牧文化以及渔猎文化在这里碰撞交融，形成了相对独立的多元文化地带，由此，其认为辽西地区这一独特的地理单元可称为"辽西走廊"（亦称"蓟辽走廊""榆（渝）关走廊"），丰富的线路结构层次和线路发展时序显化了其多元民族文化交流交融的厚重感。

（2）辽北平原线

辽北平原线所处辽北地区（以铁岭为主）素有"辽宁粮仓"之称，域内有大小河流87条，均属于辽河水系。区域内地势东高西低，东部为低山丘陵，西部为低丘漫岗准平原和冲积平原，为辽北地区驿路线的铺设创造了良好的交通条件。该区域历史上少数民族政权活跃，早期道路主要以部族方国向中原入贡的贡道为主,后伴随隋唐时期渤海国建立、草原三大帝国崛起及明清时期完善,形成了极为发达的驿路驿站系统,以保证东北边疆政治局势的稳定。此外,该线路是北上通往东北长白山腹地和东北边疆地区的必经通道,因此积极带动了沿线经济文化的交流与繁荣发展。如著名的东疆丝路(草原丝路)便由此转道去往北京,南下则可至辽南地区旅顺口转海路去往山东半岛互通中原。辽北平原邮驿线路路径的目的地多通往各代崛起的草原民族政权中心,因此,先后以辽阳、沈阳为交通枢纽转至四面八方,线路结构呈现扇形辐射状。辽北平原线线路历史变迁如表3-2所示。

辽北平原线驿道历史变迁[102]　　表3-2

历史时期	主要线路名称	线路
隋唐五代	安东都护府—丸都道	辽东城—新城—木底—丸都
宋、辽代	辽上京通往江宁州、五国部道	上京通往宁江州的陆路 辽上京至五国部道—"鹰路" 黑龙江下游"鹰路"所及之东北亚极边交通道
金代	金上京会宁府交通驿道	上京经济州、沈州、"辽泽"等到燕京道 上京经春、泰诸州到燕京的路线 上京到东京的交通干线
金代	沈州西北行懿州、兴中府道	东京辽阳府—灵源县—辽滨县—灵山县—懿州中府—金大定府
金代	辽阳行省支线驿道	肇州—甫丹迷 咸平府—聂延 咸平府—宋瓦江 肇州—懿州(元三十年,1293年)
金代	辽阳府东行东宁路至朝鲜半岛和日本水陆交通	—
明代	辽阳北行到开原驿	辽阳北虎皮驿—沈阳驿—懿路驿—汛河驿—中固驿—银州驿—开原
清代	盛京—开原线	盛京—懿路站—高丽屯—开源站
清代	盛京—兴京线(东巡御道)	盛京站—葛布花林—萨尔浒—穆奇—兴京
清代	盛京—法库线三道	盛京—严千户屯—法库站 东道(御路):盛京—威远堡—叶赫—吉林 北道:盛京—法库—蒙古草原 中道:盛京—法库—伯都纳(扶余)

(3)辽东山地线

辽东山地线地处辽宁省地势最高的区域,是山地丘陵区的主体区域,包含了数十座千米以上山峰,平原地带主要处于山地之间的河流两岸和沿海地带。因此,受山地地形限制,辽东地区的驿路多穿行于山间河谷及盆地。辽东地区自古由于多部落民族战乱影响,驿路多结合山地河谷地形地貌形成险要关隘以保障安全。受汉文化持续深入的传播影响,辽东部落族群不仅吸收了先进的生产生活方式,也促进了少数民族部落的发展。辽东山地线路虽因政权交替,线路时有阻隔,但作为历史上朝鲜、日本等附属国与中原政权朝贡交流的主要交通线路沿用千年,对东北边疆外交历史研究具有重要的价值,见表3-3。

辽东山地线驿道主要历史变迁[102]　　　表3-3

历史时期	主要线路名称	路线及节点
汉魏	襄平东行"武次""西安平"去"乐浪郡"道	襄平—居就(亮甲山)—溯太子河—汤河古道—亮甲、安平进而碾河草河上游—武次(凤城)—西安平(鸭绿江西岸)—鸭绿江东边岸
两晋南北朝	平州东北行新城、木底、丸都道	前段:平州—盖牟(沈阳苏家屯区塔山山城)—新城(抚顺浑河北岸高二山山城),也称"新城道" 后段:新城沿浑河东抵达"木底城",溯"苏子河"经"苍岩"至"丸都"道,也称"新城—木底道"
两晋南北朝	辽东高句丽南北二道	南道:沈阳浑河—上伯官屯古城—新城—沿苏子河东行到新宾县上夹河乡五龙村山城和得胜堡山城—下房子汉城—永陵镇南二道河子汉城—新宾县红庙子乡四道沟黑沟山城—桓仁县铧来镇等—麻线河谷,过大板岔、石庙、头道阴岔,至集安(高句丽中期都城) 北道:新宾二道河子汉城—沿着苏子河南岸东行—新宾镇白旗堡汉城—吉林大茂镇赤松柏古城
金代	东京东行婆娑府路和高丽、日本道	辽东东京城—岩州—连山关—开州—婆娑府—鸭绿江畔
明代	辽阳东南行到凤凰城、镇江城的驿道	辽阳—沿汤河右岸陆行—弓长岭"大石关"(石门岭)—甜水站—连山关—雪里站—凤凰城—汤站—镇江城
清代	清代与李朝交通	辽东路;宁古塔—珲春—朝鲜
清代	清代东北与日本水陆交通	—
清代	盛京—凤凰城线	盛京站—十里河(虎皮驿)—迎水寺—浪子山—甜水站—连山关—通远堡—雪里—凤凰城—九连城

(4) 辽南海陆线

辽南陆海线位于辽南地区,其主体也被称为"辽东半岛",相较辽宁其他地区而言,辽东半岛濒临渤海与黄海,与山东半岛遥遥相望,是相对独立的地理单元。从地理上看，该地区由长白山余脉千山山脉南北贯穿延伸入黄、渤海，域内地势由东北部的低山向南、西南、西北呈阶梯，逐级降低，过渡到丘陵与平原，西北部则延伸至辽河下游平原，拥有约1500千米的海岸线（其中濒临渤海的岸线600余千米，黄海的岸线800余千米）。域内主要河流有注入黄海的大洋河、英那河、碧流河、大沙河等，注入渤海的大清河、熊岳河、复州河等。依托原始自然山川地理形态，远古先民们于环黄、渤海两岸、胶辽两半岛、朝鲜半岛、日本列岛之间开始了部族间频繁的交通往来，开启了人类文明交流，也为古代辽东半岛地区后续的海、陆交通发展和建置地理的开拓打下了良好的基础。辽东半岛与山东半岛形成守护京津的屏障而具有重要的军事战略地位，而优良的自然地理环境非常适于发展农耕经济及渔猎生产，也历朝历代因海防陆防的需求而设置驿城，持续不断地为辽南地区进行大量军事移民和城镇建设提供了有利条件。

辽南陆海线的驿路以陆路和水路联运为特色，其中水路又分为黄海、渤海海路和辽河河运。这条集海、陆、河于一体的驿路线路，将胶辽半岛连通，使得东北内陆与中原腹地形成了最深入、最密切的交流，也为中原与朝鲜半岛、日本群岛的交往提供了便利，线路历经千年经久不衰。表3-4为辽南陆海线驿路历史变迁。

辽南陆海线驿路历史变迁[102]　　　　　　　　表3-4

历史时期	主要线路名称	线路及节点
先秦	辽东郡南线古道	战国时期辽东郡以襄平为中心，南行至鞍山沙河东—海城南—熊岳—新金县北花儿山
汉魏	襄平南行平郭、沓县道	襄平（今辽阳）—新昌（鞍山旧堡）—安市（营口汤池堡）—平郭（熊岳）—汶（熊岳王家店村）—沓氏县（新金县北花儿山张店汉城）
两晋南北朝	建安、平郭、沓县道	平州（今辽阳）—平郭—汶城—力城（瓦房店）—北丰（普兰店）—沓氏县（新金县北花儿山张店汉城）
隋唐五代	安东都护府辽东城南行道	辽东城—建安（盖州东北青石关山城）—安市（大石桥东北海龙川山城）—卑沙城（大黑山）
辽、金、元	东京南行金、复濒海道	交通线沿用故道，金设驿站，元代和辽代未设驿站
明代	辽东都司南行旅顺驿道	辽阳在城驿—鞍山驿—海州驿—耀州驿—盖州驿—五十寨驿—复州驿—岚古驿—石河驿—金州驿—木场驿—旅顺口驿
清代	辽南盛京至金州线	裁撤驿站，设置6个急递铺（在城铺）：辽阳、海州、牛庄、盖州、金州、复州；18个城外急递铺；10个腰台

第四节
辽东古驿道的动态性分析

一、驱动与维持

（1）自然地理环境限制下的驿路开设

在古代交通工具及道路建设水平尚未发达的时期，区域各异的地形地貌、水文气候综合制约着人类生存活动空间的范围。辽东古驿道沿线区域是历史上海陆变迁较为复杂的区域，境内主要包括辽东山地丘陵、辽西丘陵山地和辽河平原三个地貌区。在河道变迁、沿渤海海侵现象与途经地貌共同作用下，常常引致辽东驿路线路的走向、驿站设置及动态演替，对驿路的开拓及稳定性产生深刻影响。

辽宁境内主要河流走向及河道变迁对辽东驿路线路产生了重要影响。辽河古称"潦水""辽水"，全长1390千米，水系结构整体呈树枝状，是省内第一大河。清代以前辽东境内辽河中下游段平原地区所有河道几乎全都属于辽河水系，陆路驿路均需渡辽水及其支线互通，水陆码头开埠之后，辽河更成为主要航运通道。辽东境内陆路驿路走向一般与河流走向相依相伴，驿城驿站选址因地制宜实现多种功能需求。从今日古代文献驿馆命名与实地勘察中可得证实，如辽代东京辽阳府西行中京大定府所经各馆有辽水馆（辽河东岸今海城境内）、闾山馆等许多馆站以山水命名并与地理位置相互呼应。形成这种关系的首要选址因素就是驿站驿城与水源的距离是否便于开展生产生活。其次，借用自然河流、山川作为防御或攻击的军事策略考量是重要原因。驿路、驿城的选址通常与河流、山地共同形成屯兵戍守的地利之险，以实现疆土的控制与稳固。如驿城规划借自然河流形成护城河，在河流主流、支流汇集的三角洲地带选址，形成易守难攻的关隘，明代辽东山地线山地、河道与辽东边墙形成路空、河空等防御形式，都是基于军防的需求。此外，是否便于陆路驿路与水驿码头相连接进行转运形成交通网络，也是从交通规划全局出发的考量因素。

辽河流域地跨东北四省，沿途所经之地的地质地理情况、气候条件各异，辽宁境内的中下游河道变迁较明显，尤其下游地区因平坦宽阔，河床泥沙颗粒细，河槽不稳定且基本无控制河势的节点，下游河道自古便不断自东向西或者西南摆动，入海口更是变换频繁，故成为古代河道变迁最大的区域。"据考证，从汉唐至辽代、明代，随着辽东半岛渤海湾一侧岸线向西南后撤，辽河入海口从小河口—海城线转至牛庄—营口（东昌堡）一带，明代又西迁至长林子、古城子道今营口市入海。"[114]由此，辽东海运及内河航运的港口码头及水驿登陆线路也随之变化。此外，辽河下游经常泛滥，泥沙淤积，秋冬季节河面上冻方可通行，常常影响辽南地区驿路的畅通，同时河流的季节性也促使陆路驿路尽量选择绕开辽水泛滥区而行的路线。

海侵现象是辽西走廊线驿路变迁的主要影响因素。位于辽西走廊内的大凌河是辽宁境内除辽河水系外的独立河流，流淌于燕山山脉之间汇集形成自然环境稳定、生活生产资源优良的丘陵谷地，因此，大凌河谷路线很长时期都作为中原出塞外到达辽东，去往东北腹地的首选之路，陆路支线也随河谷支流水网发展得十分密集。同属于该走廊的傍海道在隋唐之前就已开辟使用，但由于渤海海侵现象严重，道路时断时续，时常阻隔不通。直到隋唐之后，渤海湾海水后撤，海岸线逐渐趋于稳定，这条道路才日趋上升为辽西走廊的代表性主线。尤其在明清时期，傍海道成为东北交通历史舞台上的真正主角。

（2）军政疆域开拓驱动下的驿路变迁

驿路的开拓、变迁与历史时期华夏文明的社会政权形态以及军事管理紧密相关。首先，不同历史时期中原王朝治理辽东地区的行政建制、政治策略和军事行动，直接影响辽东驿路线路的设置和开辟。郡制城邑一直是辽东及东北古代交通线路延续千年的地理坐标。公元前3世纪"秦开却胡"最早置北方五郡，作为中国东北及东北亚最早的郡制体系，标志着郡县之间官方交通路线开始引领东北亚古代交通主线。元丰年间汉武帝所设"朝鲜四郡"，是汉魏时代中国东北与东北亚最早设置的统属于西汉"十三州刺史"的郡县建制，是对"箕子朝鲜"和"卫氏朝鲜"方国政权地域范围的扩大，又是将西汉幽州刺史监领的郡县体制，延伸至大同江、汉江流域的发展。由此，朝鲜半岛及东行日本的古代交通，也真正进入汉帝国郡县体制中管理。辽金元时期草原政权兴起，新设的草原政治中心先后建立，与历史上原有的交通枢纽城镇相互连接形成新路网，进一步开拓了辽东驿路的范围。

军事防御体系的升级及军事行动对驿路的开辟、调整起到了推动作用。辽东地区自古乃各民族政权必争之地，在一个政权广袤的版图之内，能否开辟交通网是驾驭宇内稳固政权的关键所在，所以历朝历代都十分重视地理交通的开拓。汉魏时代，当汉武帝北击匈奴后，乌桓与鲜卑最先进入五郡塞外，对汉廷时叛时降。至东汉末年建安中，在"三国""四方"（魏蜀吴和辽东公孙氏）并立的情况下，乌桓部族日趋强大并参与中原诸侯的争斗割据。于是，曹操为稳定后方进行了北征乌桓大规模中原集军出塞行动。为保军队粮草顺利运输，曹操在河北开拓水渠疏通水路，陆路驿路则重新开启并打通了"自建武以来，陷坏断绝，垂二百载"而阻滞不通的辽西走廊大凌河古道。

由于辽东地区自古以来政权更迭频繁、战事不断，至元明清建都北京后，辽东半岛战略地位明显提高，作为渤海门户成为保护京都的重要防御屏障，因此，在战火中不断升级的军事防御体系成为辽东地区建置地理最重要的影响因素。"三面临夷，一面阻海"的边防特性，使得军政合一成为辽东地区管辖体制上区别于我国中原地区最为明显的特点，严密而独具特色的军事防御系统成为必然，尤其至明代辽东镇长城陆海协同一体化军事防御体系的建立，可以说将卓越的军事智慧发挥到极致。该系统设置了由北部内陆防御系统（辽东长城）和南部沿海海防系统两个子系统组成，内部通过密布的驿站驿路系统紧密联系构成的辽东半岛森严缜密的综合军事防御网络系统，并统一在都司卫所的管理体制内。三者在防御工事的层级性、聚落的选址布局和所辖城堡的规模与形制各方面既存在联系又相互区别，通过四通八达的驿路官道环环相扣，蔚为壮观。因此，明代辽东地区的海陆军事防御体系，尤其是辽东边墙的修建对驿路的加固与线路调整产生了重要影响。整套防御系统本身集中体现了古人顺应自然又改造自然的智慧与才能，同时也为辽东地区留下了大量宝贵而丰富的线性文化遗产资源，具有重要的研究价值。此外，清柳条边政策实施增加了多条通往边门的驿道线路，也促进了辽东地区驿道城镇的设置发展。

少数民族政权更替和中原政权时断时续的归属关系，成为影响驿路时空格局形成的重要影响因素。驿路沿线是地方政权和多民族政权集中分布的地区，为了获得更多的农牧业资源，某些地方政权和民族强大之后经常发动战争，占领吞并其他部落或者独立出来，与中原王朝或保持朝贡关系或形成对峙。驿路之旅的畅通与安全与当时社会政治军事形势息息相关，驿道沿线的居民、商队、使节通常寻找相对最短、最安全的路径通行，以保障驿路之上的朝贡、文化、贸易等社会活动开展的稳定性和便捷性，由此，引起驿路线路的改道。

（3）区域经济贸易刺激下的驿路兴衰

辽东地区位于东北及东北亚核心地区，其交通网络重要的原始功能之一就是作为历史上长期形成并不断发展的辐射边疆、连通中原的官方、民间商贸交流通道。无论陆路还是水路，沿线各国、各民族对外域物品的需求是推动和刺激辽东驿路千年不衰的直接动力。在辽东境内，北方草原丝绸之路（也称东疆丝路）是最为鲜明的代表。这条线路接续西域丝绸之路"从新疆伊犁、哈密,经额尔济纳、呼和浩特、大同、张北、赤城、赤峰进入辽宁地区的朝阳、辽阳,进而继续前行东经朝鲜而至日本"[1],是连接西亚、中亚与东北亚的国际性商贸路线。这条线路进入辽东后,以辽东驿路作为主要依托,通过辽阳、开原重要枢纽,北行通达东北腹地,东行进入朝鲜半岛至日本,南行则至旅顺连通胶东半岛,于黄渤海沿岸传递东西物质文明。"朝鲜和日本发现的4世纪以来的西方金银器和玻璃器等,大部分都是通过这条横贯我国北方的'草原丝绸之路'输入。"虽然驿路沿线政权关系在不同历史时期时有紧张的局面,如辽东山地线因受少数民族骚扰,多次阻隔,朝鲜多次改换入京城路线,严酷的自然环境也时时阻隔驿路的畅通,经济政治中心的迁移影响着草原丝路的变化,但是辽东境内商贸活动始终没有中断过。"13世纪以后蒙元时期,和林、上都成为当时全国政治中心;北方草原丝绸之路向北移动。忽必烈统一全国建都大都之后,北京成为全国政治中心;同时在直沽(天津)开展了海运,把中国北方丝绸之路与海上丝绸之路连接了起来,北京成为它的连接点,开创了中国丝绸之路的新局面。"[102]13明朝与朝鲜的贸易量最大,为当时与周边国贸易的首位,且长期保持联系。在辽东地区,主要通过义州—辽阳—山海关—北京线,义州—镇江城(今丹东市九连城)—定辽右卫凤凰城—辽东都司辽阳以及开原到图们江流域设置的"开原东陆路"等主要贸易路线,开展两国官方和民间贸易。朝鲜义州到辽阳之间的交通驿站十分繁忙,辽东都司指挥使司特别在辽阳城外专设怀远馆,供朝鲜使臣食宿停歇。综上,东北亚地区之间的经久不衰的贸易交流成为辽东驿路持续千年的重要驱动因素。

二、承继与互动

(1)结构的承继延展

辽东古代驿道的结构在不同历史阶段呈现出丰富多样的景观样貌,线路之间既有承继,也有延展。驿道沿线的自然地理环境、政治军事环境、宗教文化传播和格局的变化往往导致线路走向的相应调整,不断有新的道路开拓兴盛,也有某些路段衰落逐渐消失在历史中,同一方向的几条道路使用也存在着某一时间段的更替。如辽西走廊内的大凌河古道与傍海道虽然都开拓较早,但由于受渤海湾海侵的影响,傍海道曾经受阻,在隋唐之后才逐渐贯通并逐渐替代了大凌河古道。辽南陆海线的辽河航运常年因辽河下游入海口洪灾泛滥而无法通行,到了明代在政府及民间力量的参与下进行河道治理，后于清朝不断修缮，至近代逐渐发展航运走向繁荣。辽东边墙修建对驿路结构变化产生了重要影响。早在燕秦时期古长城的修建最早开拓了东北地区的戍边道，后明朝为巩固东北边防，在辽东设置辽东镇并修建长城，则在军事统一布防的基础上对原有驿路的节点进行了调整并加设了重要的关隘。因此，辽东地区古驿道线路不是某一个朝代突然诞生和兴盛，是很多段道路自有人类活动伊始就存在，因不同历史时期的政治军事格局而发生结构的延展和开拓。

（2）文化的双向流动

辽东古驿道内部包含的遗产资源具有汉文化与多元民族文明双向渗透、杂糅的特征。汉文化作为人类社会的一种重要文化，空间形态上表现出我国中原地区的自然、社会条件的地域性和其与各不同类型文化之间的流动性。东北及东北亚地区各民族生活地区临近汉文化原生地带，其文化与汉文化存在较大层次落差，形成了汉文化东传的动力势能。在这样的动力下，汉文化与辽东地区本地多民族文化之间不断发散、辐射、位移。辽东古驿道作为地理空间的传播路径，承载了丰富的物质遗产及非物质文化遗产。其包含的各项遗产内容并非一成不变，而是随着朝代的更迭、汉文化的传播，形成了文化动态叠合性和文化多元化的基本特征。辽东古驿道无论在线路路径的文化互惠交流，还是在线路遗产类型的衍生状态，均体现了辽东古驿道作为文化线路的动态性特征。

第五节
辽东古驿道文化线路的整体性分析

一、辽东古驿道作为整体的跨文化意义

文化线路重要的特征之一就是其作为整体的跨文化意义，且此意义大于组成文化线路的各部分意义之和。这一整体意义包括两方面：线路的整体意义；线路对于跨地区整体性交流意义。

（1）驿路与其构成要素是一个完整整体

辽东驿道作为完整的古代邮驿系统，自诞生伊始其军事功能、交通规划、设施设置等意图即十分明确。驿道在不同历史时期的拓展和成熟，沿线城镇和集市

鳞次栉比，沿线各民族人口不断定居，商贸活动持续活跃，人口迁徙频繁。因此，驿道线路除具有本身驿递功能外，逐渐发展成为一条融合多种社会功能、多维度的持续性综合性带状通道。驿道集合了驿城、驿站、聚落、码头、桥梁等作为线路见证的物质遗产以及非物质遗产，这些遗产作为一个整体共同构成一种具有内在主题关联的线性文化景观。驿路线路本身及线路内包含的各类遗迹随着社会更迭共同演进变化，物质文化遗产、非物质文化遗产不是孤立的个体，而是与驿路线路环境融为一体，相互依托和滋养。随政权更迭、社会发展、交通工具进步以及邮驿系统自身升级完善，线路所有遗产要素作为一个完整整体，共同在特定社会的生产力条件下发挥了极大的历史功能，共同清晰地反映出古驿道作为政治律令及军事信息通道的社会背景，以及线路的整体价值。

（2）古驿道连接各地区成为整体实现交流意义

东北边疆是中华民族文化最丰富的地区之一。辽东古驿道历经2400多年，从建立至衰落，不仅是为了沿线主要的贸易、文化交流、民族迁徙、思想传播活动的物质交流路径，也将沿线城镇、村落，及其毗邻的朝鲜半岛、日本群岛、蒙古国等不同的国家联系起来。通过当地不同的文化交融，形成了辽东古驿道沿线共有的多层次文化价值，赋予了辽东古驿道丰富的文化多样性，线路本身促进了东北及东北亚不同地域和民族之间的文化、宗教、艺术及科技知识的交流传播，超越了不同文化的总体价值。

二、辽东古驿道文化线路整体功能层次

基于东北及东北亚古代交通史、民族学、历史学等相关学科成果，本书分析了辽东地区的自然背景、人文背景和历史上重要的对外交流活动的特点，参考世界遗产主题、国内遗产主题分类的方式以及文化线路申报世界遗产的研究成果，根据地域规模的差异，将辽东古驿道文化线路资源分为区域路径、全域交通、国际路线三层面解析其历史功能，以下进行分述。

（1）区域路径——以军政经略为目标，以信息传递功能为载体

①多元政权更迭舞台

辽东地区疆域动荡，复杂的自然环境和军政一体的行政建制，使得辽东驿道显示出更为独特的价值。以信息传递功能为载体的辽东古驿道是辽东地区文化线路的本质，也是我国文化线路遗产资源中"运输系统形态"类型的重要主题。辽东地区南望山东登莱，东接朝鲜，北连远东俄罗斯，西临蒙古草原，其地理位置

的重要政治意义及外交意义不言而喻。明清之前，跨渤海海峡航线至辽东半岛陆路始终是历朝历代各政权之间相互攻伐的传统路线。早在**魏晋**时期，孙吴政权的兴起加快了南北路线的连通、开拓发展，使得以辽东为起点的南北海路交通线的南端继山东半岛后，又向南延长至江左腹地。辽东驿道作为国内区域性交通线路，较我国其他地区在历代均呈现出了以军事防御为导向的明确特性，形成更严密复杂的军事聚落组织系统和全面的水陆联运驿道网路类型。

②移民往返的路径

在政权更迭的硝烟中，辽东古驿道这条海陆交通线不仅成为政府调拨军队的便捷路线，也成为移民往返的最佳路径。因秦汉时期齐地人的航海技术发达，故渤海航运开发较早，相应的流向辽东的浮海移民使得这一时期辽东地区人口成倍增长。辽东陆路的交通线也随着流民迁移而日渐向内陆纵深延伸，对古今辽东地区的城镇聚落形成与发展产生了深远的影响。围绕其周边开拓各种近海航线，如跨黄海至朝鲜半岛航线、跨渤海海峡航线和辽东半岛东海岸航线都是中外互通往来、移民迁徙的常用通道，见证了我国东北地区与东北亚各国民族之间人员流动与交流的关系。

（2）作为中华民族多元一体的全域交通

"民族走廊"是费孝通先生于20世纪80年代提出的民族学新理念，这一学术概念旨在为其构建的"中华民族多元一体"理论提供研究路径。在费先生研究的基础上，从走廊地带整体性地理解中国成为民族学者研讨的焦点。河西走廊、藏彝走廊、苗疆走廊、南岭走廊等走廊地带研究，在各自的理论视野阐述了中华民族多元一体格局的重要价值和多元路径，建构了中国历史叙述的主体性。从整个东北及东北亚地区视角来看，历史上辽东地区各政权、国家疆域边界不断地动态变化，使得辽西走廊线路作为一个整体，鲜明地体现出了民族迁徙、文化融合的廊道属性，展现多元文化亚区域共生演化为一体的历史进程、动力机制和整合机制等。东北民族历史学家崔向东教授认为"辽西走廊"位于"辽东农猎—农牧交错带"，中原汉族系与肃慎、乌桓、鲜卑、高句丽、契丹、渤海、女真、蒙古、满洲等北方东胡族系、东北肃慎族系民族先后在这一带活动，诸政权在统合广义辽东的同时，长期与泛中原、蒙古高原、青藏高原与海上诸政权碰撞、互动乃至融合，呈现出作为中华民族多元一体的全域交通线路特性，也体现了草原游牧交通文化与汉民族邮驿系统功能相互融合的特征。以辽西走廊支线为代表的辽东古驿道是民族迁徙与文化交流的核心路径，为中华民族的多元一体奠定了坚实基础，体现了其在中国疆域的奠定、民族融合历史中的地位。

（3）以汉文化东传为特征的东北亚国际性路线

①东北及东北亚区域汉文化传播的发达网络

李德山教授指出，"汉文化是人类社会延续时间最长、影响最大的文化之一。汉文化向我国东北和东北亚地区的东向传播，使这一地区的社会面貌发生了深刻变化，并最终形成东亚汉文化圈。历史上，我国东北地区每一次的社会变迁和转型，莫不与汉文化东传息息相关。"[115]

明清时期，中国成为亚洲乃至世界的东方中心，朝贡活动更成为朝鲜、日本与我国文化经济交流的主要途径。通过朝贡活动，朝鲜与日本吸收了我国大量先进的文化以及科学技术等，并对其国家发展产生了深远的影响。例如明清时期，无论王氏高丽还是李氏朝鲜，均与我国建立了宗藩关系，并主要通过朝贡关系接受明清的先进文化，在经济上收获颇丰的同时，也在国际上确保了朝鲜王朝的权威与安定。根据韩国东国大学林基中教授研究统计，朝鲜向明清派遣使节579次，其中明代82次，清代497次。朝鲜通过使节的派遣，使两国不仅在经济贸易、政治上有广泛的合作，还在学术、文化、艺术领域进行了卓有成效的交流。被派往明清的朝鲜使臣往往是学术造诣深厚、社会影响力大的官员和学者，他们不仅与官员接触交流，也与民间的有识之士广泛接触，将先进的治国之道和科学技术，以及大量的书籍、书画等资料一并带回。

②东北及东北亚区域经济贸易交往发展的通道

20世纪80年代，在东北亚前沿地区的辽宁大连大嘴子等地，距今3000多年的青铜文化遗址中，发现了中国东北和东北亚地区迄今最早的稻谷作物，从农业文化起源的角度证明了东亚和东北亚环太平洋区域早期南北经济、文化的纵向交流，其东传进而影响着东北亚大陆朝鲜半岛和日本列岛，乃至远东地区的早期"稻作文化"的发展。

始于元代站赤体系而成熟于明代的辽东驿站体系通过完善便捷的驿道把整个东北地区与关内江南等地联系起来，江浙地区的丝绸、茶叶、奉天的食盐、川广地区的药材等来自中原各地的物资与东北的人参、木耳、蘑菇等山货物资交换，无论是官方贸易还是民间贸易，都使得作为中心枢纽的辽东地区的商品贸易有了显著发展。与此同时，边疆贸易也十分繁荣，如明朝与朝鲜的贸易在明与周边国家中占据第一位，贸易量大，而且长期没有间断。辽东地区驿站的一项重要功能就是接待过往的朝贡使者，极大促进了商品贸易兴盛发展。据记载，建州卫虽"人不过数千，然亦岁遣数百人入贡，以为常"。明朝大量女真人进京朝贡，携带大量物资在返乡路上随时交换买卖。辽东地区当时货物交易非常活跃，据记载，在开原驿"易货物，一天仅铧子一项就多至一千一百三十四件，人参一百三十二斤"[116]。大规模商品贸易，大大促进辽东地区的经济发展。

总之，辽东地区自远古时期便一直是东北亚各国文明互惠交流的前沿。从远古时期起，辽西红山文化作为中华人类文明的曙光与中原文化区同步发展；自秦汉至明清时期，中原汉文化在东北地区经历了漫长的胡汉文化融合历程，同时通过古代驿路不断向域外传播扩散，汉文化最终逐渐在东北及东北亚地区占据主导地位。在这一文化、经济双向互惠流动的过程中，政治外交往来、人口的流动和迁徙、商品交换的发展成为辽东文化线路的内在维持机制，催生了中韩、中日交流线路，草原丝绸之路也从新疆连通辽阳，共同构建横贯中亚和东北亚地区真正的万里丝路。这些跨越国际、洲际的交通线路见证了汉文化东传的完整过程，沿线留下大量杂糅了多元民族、宗教文化特色的文化遗产，承担了环黄渤海两岸各地区人类文明互动交流的通道功能，以海陆交通融入世界文明发展，成长为极具研究发掘价值的"东北亚之路"。

三、辽东古驿道作为文化线路内涵阐释

辽东古驿道线路的文化内涵，目前尚无权威定义。我国古代邮驿线路的剖析多见于国内不同学科领域的学者在研究中从不同侧面予以概念描绘，值得借鉴。从国内外众多著作中可以看出，古代驿道的内涵和外延远比其文字表述的意义深刻。基于前文分析总结，本研究认为辽东地区古驿道作为东北及东北亚范围内跨地区、跨文化交流系统的核心基底和重要组成部分，既是东北及东北亚海陆文明的交流通道、商贸通道和中国东北部的军事信息通道，也是古代中国中原与东北少数民族交流，以及中国与域外政治、经济、文化、社会互鉴互惠的甬道。本研究认为辽东古驿道文化线路内涵为：历史时期古代国家传递信息的邮驿之路，国家经略边疆的重要军事路线，民族迁徙与文化交融的重要途径，国内外经济贸易交往的重要通道，多元文化交流互惠的核心线路。辽东古驿道作为"汉文化东传之路"[115]113、"东北亚之路"，这些功能共同促进并塑造了其作为人类文明多元融合、互惠与传播的文化线路深厚内涵，如图3-5所示。

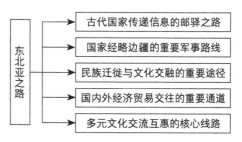

图3-5 辽东古驿道内涵阐释

第六节
本章小结

　　本章在文化线路视野中对辽东古驿道整体进行综合分析研究，其中背景分析表明其具有明显的边界性和通道性区位特征，历史溯源、形态特征与动态性分析确认了辽东古驿道在地理环境限制、军政疆域开拓以及经济贸易驱动下，历经燕秦奠基至明清成熟约2400多年的兴衰发展，最终形成了以辽中地区为核心枢纽，以辽西走廊线、辽北平原线、辽东山地线、辽南陆海线为四大主线的方向性网状结构。跨文化整体意义的分析则提炼出辽东古驿道作为区域路径、全域交通和国际性线路的功能层次。首次总结出辽东古驿道作为人类文明多元融合与传播的"汉文化东传之路""东北亚之路"的深厚内涵。

第四章

辽东古驿道文化遗产资源系统构成与整合

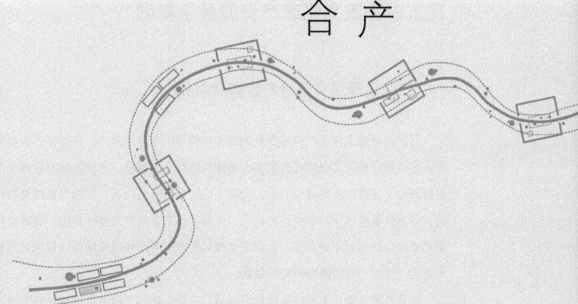

辽东古驿道沿线地区留下了数量巨大、类型丰富、相互关联的物质文化遗产与非物质文化遗产，这些遗产要素与线路本身共同构成了辽东古驿道的空间整体性。本书在历史资料研究和历史信息验证基础上，建立了全面而完整的古驿道遗产要素描述模型，即以邮驿功能为核心主题，以军政经略、文明互惠、经济交往为衍生主题的辽东古驿道主题体系。进一步从动态性、专题性和环境相关三方面归纳遗产要素与线路之间的三种关联方式，深化系统筛选标准。以辽南海陆线为例对驿道沿线遗产要素进行收录，并对类型构成、历史时期和空间分布特征进行综合分析，完成遗产资源系统整合的实证研究，为下一步对辽东古驿道文化遗产进行价值评估作准备。

第一节
辽东古驿道文化遗产资源登录基础

一、辽东古驿道文化遗产资源登录界定

辽东古驿道文化遗产构成要素的调查与整理工作涉及面广、头绪多、资料繁杂，必须进行相关文献资料的查阅、整理和线路实地调研，才能对线路要素类型进行细分，完成综合整理与分析。全面认识辽东古驿道内容，加强维系线路整体性并对其开展整体保护必要性的认识，可提升该文化遗产的整体价值，促进文化遗产资源保护与利用的实现。为保证调查与整理的可行性与科学性，以研究需要为基础，对以下方面做出相应的界定。

研究范围界定：本章在应用研究部分，主要以辽东古驿道辽南海陆线为研究对象，包括起点辽阳市，以及鞍山、营口、大连四座途经城市为主要研究范围。沈阳市在清代由驿城升级为都城，成为辽东地区核心交通枢纽，具有代表性和重要研究价值，因此，作为辽南海陆线的清代起点城市列入研究范围。

时间节点限定：本次研究应用的辽南海陆线数据，历史上限为社会交通开端先秦时期，时间下限为1912年清朝统治结束。不包括近现代历史遗产、革命纪念遗址、纪念建筑、烈士陵园等。重点挖掘古代辽东地区悠久交通历史积淀所赋予的深厚文化内涵。

二、辽东地区遗产资源分布普查与验证

整体性的遗产调查与研究在当前快速城镇化背景下具有抢救性的意义,为了发掘和保护辽宁文化遗产资源的综合价值,对辽东古驿道包含的资源调查应建立在辽宁地区文化遗产资源全线普查的基础上。因此,本书对辽宁省当前文化遗产资源分布情况进行了初步研究,以完成文献研究结果相互验证。本书以我国《文物保护法》中所列的"具有历史、艺术、科学价值的古文化遗址、古墓葬、古建筑、石窟寺和石刻壁画"为主要分类对象,根据辽宁省政府公开的文物保护单位名单等文献信息进行初步汇总。截至2018年底,辽宁省拥有国际级、国家级和省级物质文化遗产点252处,国家级、省市级非物质文化遗产共258项。进一步将遗产点进行数据登录,通过与古驿道遗产线路进行对照后,可见遗产点与古驿道路径在位置、走向上存在明显关联,体现了线性分布的连续性。与前文辽东古驿道遗产整体形态结构在地理空间中相互印证,也为整体性保护研究打下了良好的基础,详细情况如图4-1所示。

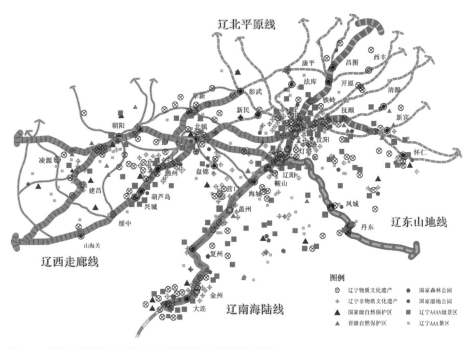

图4-1　辽宁文化遗产点与辽东古驿道线路空间关联示意图

第二节
辽东古驿道文化遗产要素类型研究

一、驿道遗产登录研究现状

辽东古驿道遗产资源的系统筛选与登录工作，是在参考国际、国内文化线路申遗项目以及遗产廊道构建方法的基础上进行综合考量，分析其侧重性、局限性和适用性，予以优化改进，最终确定建立适用于辽东古代驿道遗产的分类方式，以期为国内相同类型遗产研究提供有价值的参考。

（1）从文化线路项目申遗发展来看

从1995年马德里文化线路世界遗产专家会议上提出的"遗产线路"概念到2008年《文化线路宪章》的颁布，国际文化遗产保护领域内的一系列国际文件对于文化线路的内容构成要素一直进行着不断扩充和完善。最终确定了文化线路遗产内容必须具备两类，一是"作为文化遗产见证并为其存在提供实体证明"的物质要素，即"线路本身以及与历史线路功能有关的物质遗产，包括补给站、海关、仓库、休息处、旅馆、医院、市场、港口、防御工事、桥梁、交流或者交通工具；工业、采矿或者其他设施，与制造业和贸易相关的事物，能够反映技术、科学、社会的进步过程的要素；城镇中心、文化景观，祷告和礼拜用的宗教遗迹等"[117]51。二是赋予文化线路意义的非物质元素。其作为见证线路文化交流与对话过程的元素，支持文化线路的各组成部分并体现它们的意义。还可以在实体线路缺失或者遭到破坏时证明线路缺损的部分，进而得以反映出线路的整体物质形态。这项要素也成为文化线路遗产与其他类型文化遗产、"线性形态的文化景观"的实质区别。"文化线路不是历史城镇、文化景观等物质要素的简单叠加，必须通过'无形的历史精神'将这些分散要素联系为一个完整整体。非物质文化元素具体包括无形遗产（非物质遗产）和人类精神层面的因素。"[118]其中非物质遗产"包括了城市建筑观念的特征、建筑方法和模式，不同建筑风格、风俗、政治体系和传统、宗教、传统技艺、典型的手工艺、艺术和行业、衣食住行的方式、农业耕作方法、语言等。民族的普遍特征和气质、地域的风气等则是这些无形遗产诉诸人类群体精神层面的表现"[117]55。

此外，在文化线路申遗具体程序操作过程中，各国要结合文化线路认定标准和世界遗产六项标准来对线路的主题类型和遗产要素进行更为科学的定位和筛选。根据已经成功入选世界文化遗产的文化线路案例来看，对于线路遗产要素的筛选与线路，在申报时与世界遗产六项标准的对应选择紧密相关。各国申报文化线路项目时，一般根据线路特色主题选择不同的世界遗产六项标准。根据对应的标准进行线路定位和遗产要素判别筛选，为最优的组合申报策略提供了更有针对性和准确性的描述，大大提高了申报成功的几率。例如圣地亚哥朝圣路线法国段申报通过世遗标准的重要前提，即在筛选遗产要素时要求全部遗产直接服务于朝圣线路功能。

（2）基于遗产廊道理念的资源登录研究方面

国内研究的主题主要集中于京杭大运河，在此主题下我国专家对京杭大运河的遗产要素进行了不同主题、不同方式的遗产要素登录。朱强（2007）在京杭大运河江南段的工业遗产主题的遗产廊道构建研究中，从"历史工业相关企业或单位""工业建筑、构筑物"两个层次设定了切实可行的待调查工业企业和遗产登录标准。依据我国《文物保护法》"历史、艺术和科学"三个价值标准，以及文化价值和经济价值，共五个方面的因素，结合实地排查调研，确定出历史工业相关企业与单位的遗存现状和遗产点分布情况。

奚雪松（2010）则在发生学视角下探讨了大运河遗产廊道的遗产构成。在基础研究中，通过对大运河济宁段遗产系统要素采用了基于发生学方法的分类，即大运河漕运功能相关水利工程遗产，与大运河发生发展历史相关的物质与非物质文化遗产，以及与大运河无发生学关联，仅空间距离相关的其他非运河类物质文化遗产的遗产系统。

王建国（2017）以京杭大运河杭州段为例，探讨了在历史廊道地区总体城市设计的基本原理与方法，建立历史文化全息系统。将京杭大运河特色要素分为标志要素、优势要素以及基本要素三个等级。以"特色要素评价法"对大运河水利工程遗产、运河工程遗产、运河聚落遗产等九类81个要素六个维度进行特色评价，对运河的历史文化物质要素和非物质要素进行了汇总及梳理。

王丽萍（2012）将滇藏茶马古道文化遗产廊道构成要素分为文化价值相关、功能相关和内涵相关三大类、22个亚类，建立遗产廊道构成要素清单。

上述国内各类型的线性文化遗产研究均取得了一定成果，也显示出我国线性文化遗产自身包含遗产要素的复杂性与多元性。文化遗产资源是某一地区的人类社会生产、生活活动及各个历史人类文明之间交流沉淀信息的总和。传统遗产资源的汇总登录方式为遗产点的存档、申遗、管理提供了良好的方式，而针对物质空间规划层面，则需要从这些遗产点中获取更多的历史信息。这些信息具有混合属性，蕴含着遗产点之间更深层次的线索和关联，切实反映出历史上各时期深刻的社会空间和地理空间关系，以及产生各种形式文明交流的根源。从本质上讲，遗产要素的系统筛选是对遗产当时所处人类社会环境背景各类元素以某种解读规则进行读取，并且其内在之间的关系可以形成一幅幅社会空间的认知地图。目前来看，历史文献与历史地图成为追溯文化线路及其包括的各类遗产要素信息的主要来源。但是作为研究的基础，这些信息往往是分散于各领域各类文献资料之中，并在不同的语境下进行书写，如果仅仅简单摘录其中的片段信息，则会造成遗产点登录的扁平化，如考古学般的陈列感。我国古驿道线性文化遗产历史悠久，世代累积，关联复杂，因此，需要结合我国古驿道遗产的特点建立完善的遗产资源系统筛选工作。

二、辽东古驿道主题的确立

回顾整体性保护规划的目标，一方面要面向过去将历史上宝贵的人类文明遗迹传承下来，另一方面要面向当下的自然环境保护和社会经济发展的实际需求。因此，整体性保护规划成为历史信息和当下信息之间联通的桥梁。辽东地区地处边陲，驿道的开拓与辽东社会经济的发展存在深刻而复杂的关系，遗留数量巨大的历史信息，驿道文化遗产主题的确定成为划定古驿道遗产范围和清晰识别构成要素的重要依据。依据前章文化线路视角下辽东古驿道上人类不同文化间对话、交流互惠的文化现象，结合遗产廊道理论的保护模式，需要首先建立辽东驿道文化线路功能主题体系，对线路物质文化遗产与非物质文化遗产进行登录。根据前章文化线路视角对辽东古驿道的内涵研究成果，纵观其在辽东地区发展过程中所发挥的历史功能，可知集中体现在以邮驿功能为特定用途层面、保障疆域稳固的军政经略层面、维系当时中国内地与边域商贸流通的经济交往层面，以及边域内外多元文明交流、民族融合的文化交流层面。本章以此为基础，确立辽东古驿道文化遗产特色主题体系，即以邮驿功能为核心主题，军政经略、文化交流、经济交往为衍生主题的辽东古驿道主题体系，如图4-2所示，为后续保护规划过程中对遗产信息的读取与利用奠定坚实的基础。

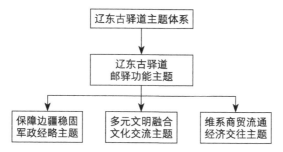

图4-2 辽东古驿道特色主题体系构成

三、驿道文化遗产类型划分

在辽东古驿道主题体系下，结合对我国邮驿文化遗产考古学、文物保护领域的研究成果，进一步根据遗产要素与辽东驿道主题的相关性进行具体归类。在这个主题体系之中，邮驿功能相关的物质遗产要素包括了交通城镇、邮驿建筑、保障维持类工程遗产；军政经略主题相关物质遗产要素包括政治往来、防御工程、军备工程、军工厂以及战争专题遗迹；文化交流主题相关物质遗产要素包括宗教文化、民族文化与社会历史遗产；经济交往主题相关物质遗产要素包括商品流通与商品生产两类。这些物质遗产要素相互影响，共同促进了驿道沿线社会生活的进步与发展各个方面，数量巨大，具有演替性、复杂性，具体遗产要素见表4-1。

辽东古驿道物质遗产要素类型构成　　表4-1

主题类型	遗产类型	遗产要素
邮驿功能	交通城镇	驿城城镇；交通坐标城镇
	邮驿建筑	驿站、驿馆、急递铺、递运所、行政机构等邮驿建筑
	保障维持	驿路道路遗存（陆路、河运、海路）、桥梁、台（路台）、空、栈道、码头；军事设施；水运工程；古代道路标识；驿道沿线古树
军政经略	政治往来	朝贡交流、使节访问
	防御工程	军事防御性城镇；燕秦汉长城、明长城及挡马墙、碉楼等防御工程；海防烽火台、炮台；关隘；古代战壕、暗道、掩体
	军备工程	兵营、弹药库、粮草库；马政、盐场、制铁、砖窑、采石
	军工厂	制造各类兵器、武器、铠甲、战车、战船等
	战争专题	古代战场遗址、战争指挥部、兵营、牢房、纪念碑石
文化交流	宗教文化	宗教建筑，包括庙宇、摩崖石刻、寺观园林、佛塔和教堂；石窟寺、雕刻、崖画、壁画；碑刻；具有宗教象征的神山、圣湖、涌泉等
	民族文化	各类民族民居聚落、建筑、构筑物
	社会历史	历史街区；陵寝以及衙署官邸、宫殿府邸、书院学堂、宅邸民居、家族祠堂陵寝、古墓、园囿园林、亭台楼阁、牌坊影壁、戏台等古建筑
经济交往	商品流通	商业重镇；商埠；会馆；店铺作坊；商业街；市集；钱庄
	商品生产	特色贸易产品生产地、种植地、开采地遗址以及生产类活态文化景观

第三节
遗产要素与辽东古驿道的关联性研究

在文化线路的视角下,线路遗产要素不再是相互独立而沉默的个体,而是线路在精神内涵和物质实体的文化互惠活动的共同证据链。文化线路的提出提升了人们对遗产的认识和理解,区别以往遗产保护工作对单体遗产价值的要求,更强调遗产要素与线路主题的"关联"。判断线路包含的遗产是否属于文化线路主题,需要判断其是否在线路某一特定历史时期内和线路有某种直接和间接的"关联",不能仅凭遗产点自身价值的高低。因为即使遗产自身虽然具有重大价值,但是却可能与线路主题不存在任何联系。而一处遗产本身不具有传统文保意义的重大价值,但是因其与线路有某种维度的直接或间接关系,就应被纳入文化线路遗产清单内容,并且作为见证文化线路整体意义而提升了价值。文化线路视角下的跨区域线性文化遗产,从本质上来讲,是一种建构"关系"的遗产类型,要求线路中所有遗产要素都与线路交流和对话过程中的文化现象有关系,这也体现了文化线路价值的本质。

整体性保护不是对线路遗产广泛的分类收集与陈列,更重要的是穿越单体遗产的物质形态,深入探寻人类文明交流过程中隐蔽的深层关联,清晰地揭示出社会历史发展中形成一地社会人文景观的偶然性与必然性。结合文化线路特征和遗产廊道保护规划理论,对遗产要素与线路关联性的解读是辽东古驿道上文化遗产主题体系下筛选遗产要素的基本要求,也是核心考察内容。关联性考察可以突破文物保护单位级别考量,对线路遗产要素构成进行更加详细的筛选、判别,对保障线路的完整性、真实性具有重要意义,也为辽东古驿道文化遗产综合价值评价提供参考。下文从动态性关联、专题性关联、环境关联三方面,对遗产要素与辽东古驿道文化线路主题的关联进行深入探讨。

一、遗产要素与辽东古驿道的动态性关联

动态性是文化线路的本质特征,是文化线路区分其他类型世界遗产的特征之一。原动力与维持机制是形成动态性的两个基本因素。因此,与这两个因素相关的遗存是线路动态性特征的重要证明。原动力因素包含了政权主导、贸易需求、

宗教传播、文化差异导致的交流需求等方面。维持动力的机制包括维持路线运转、交流的基础设施，保障线路安全畅通的军事设施、沿途涉及的宗教文化的社会因素、沿线社会机制等方面。沿线各类遗产要素与辽东驿道文化线路本身的发展动力、维持保障以及线路兴衰均产生不同程度的关联。对线路遗产要素动态性关联的考察明晰了其与线路兴衰之间的因果根源，揭示线路对话交流活动的动力系统，也为线路动态性的展示提供证明和思路。如以色列盖夫的香料之路，通过遗产要素的筛选与组合展现香料贸易的根本动因是不同势力相互竞争而给沙漠商道带来动态变化。

对辽东古驿道主题遗产要素进行与线路原动力以及维持机制相关的判别十分重要。如军政经略主题中的柳条边遗址，不仅是清代实行柳条边政策的证明，也是促使清代驿道线路在原有基础上拓展接续的重要动力；烽火台、关隘、寨堡遗产中既有海防性质的军事遗产，也有维持保障驿道线路安全畅通的军事设施；经济交往主题中，丝关开原兼具东北亚丝路与辽东马市贸易功能，体现了线路地区之间的贸易需求对线路兴衰的影响。上述遗产要素，虽然某些遗产自身单体的历史、艺术、科学三大价值可能并不高，但是因其与线路整体运转产生了动态性关联，而应在登录遗产清单时，重视其与线路的关联重要性及价值贡献，作为判别与线路关系的重要考量因素。

二、遗产要素与辽东古驿道的专题性关联

在欧洲文化线路的定义中，文化线路不仅包含如圣地亚哥朝圣之路的"历史性线路"，也包含像纪念地中海沿岸的橄榄树文化的"橄榄树之路"的"主题线路"。在美国遗产廊道的选择标准中关于历史重要性的阐述认为，廊道内应具有"塑造地方、市县或国家历史的重要事件和要素"。因此，本书认为与辽东驿道文化线路的特定历史功能无关，但与线路内具有重要意义的历史事件、人物事件相关，以及反映一地社会礼制和特殊生活习惯、生活方式相关的遗产要素可作为专题性关联予以保护。这些遗产因素共同见证历史事件、人物事件和地区某种特色社会文化、习俗和生活方式，形成同一语境并产生关联。申遗视角的文化线路认定强调线路具有明确时空范围的持续的人类文明互惠过程，而专题性关联的遗产则更倾向于线路内某一时间内发生的相对独立的具有路径形态的历史事件以及某一系列地区内形成的共同生活习俗、社会现象。

基于整体性保护目标的辽东古驿道保护，不仅在申遗视角下对文化线路内容进行核心遗产的提炼，也从促进当前社会稳定发展和文化可持续发展的宏观角度，对专题性关联的遗产要素予以登录。如果某一专题性关联遗产要素所在历史专题对线路的文化对话与交流过程产生了深刻影响，可以进一步考察其影响意义与价值。辽东古驿道上的历史事件众多，类型丰富，具有明显路径形态的历史事件有箕子东迁、秦始皇东巡辽东、曹操东征乌桓、唐王东征、清帝祭祖线路、锡伯族西迁路线、燕行之路等，均留下了重要的历史遗迹。高句丽山城遗址是高句丽特色军事防御体系，也可以作为专题性关联予以考察登录。

三、遗产要素与辽东古驿道的环境关联

线路的环境是文化线路的重要认定要素，也是美国建立遗产廊道的重要选择标准之一。文化线路理念对线路与环境关系十分重视，主要体现在地理环境、区域环境（自然或文化环境）；文化线路连接多样文化景观形成整体；线路因与途经的自然、城乡环境和各类古迹区等微观环境的敏感度不同而形成线路各段落差异；要保护线路背景环境，以及背景环境中的遗产共五个层面。遗产廊道在廊道环境方面十分重视自然资源对文化资源的重要性，不仅考虑自然景观在地理生态、自然历史、生态保育等方面的重要性，也强调线路自然景观对文化资源的衬托功能和连接功能。总体来看，二者都十分重视线路背景环境的保护，自然环境与人文环境共同赋予了文化线路沿线独特的环境氛围。

辽东古驿道是古代社会交通发展的产物，在驿道沿线存在着大量与古驿道建设发展无关，但是在空间位置上相关的遗产要素。这些遗产要素在驿道建设之前就存在，或在驿道停止使用、衰落后形成，主要包括远古文明遗存、高句丽山城遗址、近现代各类遗产等，数量巨大。这些遗产可以作为文化线路环境关联性遗产，考察其与形成各段线路的不同环境氛围特色、塑造线路景观风貌等方面的关系，纳入辽东古驿道整体性保护的遗产清单中。如在辽东古驿道线路的背景环境中，拥有着中华文明发源地红山文化区、新石器时代至青铜时代石棚遗址群，高句丽山城防御系统等遗存，对线路整体环境起到了重要塑造作用。

第四节
辽南海陆线古驿道文化遗产要素构成

基于辽东古驿道文化主题、遗产要素类型及关联性研究，本节以辽南海陆线驿道为例，对辽南海陆线物质遗产与非物质文化遗产要素的构成进行实证研究。

一、邮驿功能主题相关遗产要素

（1）辽南海陆线驿道驿城遗存状况

辽南海陆线驿道在各历史时期发展过程中一直保持稳定的线路结构，先后以辽阳、沈阳交通枢纽为起点，南行至旅顺口，沿线形成了12座陆路驿城城镇。牛庄镇作为海陆联运标志性驿城也纳入本次研究范围。从驿城空间分布来看，这13座驿城分属今大连、营口、鞍山三个城市。大连市拥有9座驿城（盖州卫五十寨驿、复州卫、复州卫岚崮驿、石河驿、金州卫、木场驿、旅顺口驿、牧羊城等），营口市拥有3座驿城（盖州卫熊岳驿、盖州卫、盖州卫耀州驿），鞍山市拥有3座驿城（海州卫、鞍山驿堡、牛庄驿）。辽阳市、沈阳市则为历史上辽东地区所有驿道交汇的核心交通枢纽城市。每一座驿城受地理位置、环境条件、军政级别、军事防御的影响，形成了不同城镇空间特征与功能定位，如图4-3、表4-2所示。

图4-3 明代辽南海陆线驿城分布示意图

辽南海陆线驿道城镇空间形态　　　　　表4-2

驿城城镇	古代置驿情况及级别	现状
沈阳市	秦汉"侯城";两晋南北朝"侯城";隋唐辽金元"沈州"驿;明设"沈阳中卫"驿;清陪都、奉天(盛京)将军驻地,东北最高行政机构	
辽阳市	燕秦汉襄平;两晋南北朝平州;唐安东都护府;金元东京城;明辽东都司,辽阳在城驿,最高指挥机关;清辽阳州急递铺	
鞍山市	汉"新昌县";辽金鹤野县;明鞍山驿堡;清鞍山急递铺	
海城市	汉析木古城"安市县",汉、隋唐海城西卢屯古城"辽队"海城南英城子"安市城";金澄州,辽、元海州;明卫城海州卫、海州驿城;清海城县急递铺	

驿城城镇	古代置驿情况及级别	现状
海城市牛庄	秦汉辽隧县；辽金牛庄；明牛庄驿；清牛庄邮便局、辽河航运港	
营口市大石桥	汉汶城汶县；金、辽耀州；明耀州驿；清耀州急递铺	
盖州市	汉、魏晋南北朝平郭；隋唐盖州青石关山城设"建安城"；金盖州；辽辰州；明盖州卫城盖州驿；清盖县急递铺	
盖州市熊岳城	辽代辰州；金熊岳县；明熊岳驿；清熊岳副都统驻地	

续表

驿城城镇	古代置驿情况及级别	现状
盖州市土城子	明五十寨驿	
复州市	辽金复州；明复州卫城、复州驿；清复州急递铺	
大连瓦房店岚崮村	明岚古驿；清栾古急递铺	
大连金州石河镇	明石河驿	
大连市金州	隋唐金州大黑山山城"卑沙城"；金金州；辽苏州；明代金州卫城、金州驿；清宁海县、金州副都统驻地	

续表

驿城城镇	古代置驿情况及级别	现状
大连营城子牧城驿	明代木场驿	
大连旅顺口	战国至汉代牧羊城"沓县"（沓津）；明代旅顺口驿；清旅顺	

（2）辽南海陆线驿道重点交通枢纽遗迹

①辽东古驿道核心交通枢纽盛京皇城

天启五年（1625年）后金清太祖努尔哈赤把都城从辽阳迁至沈阳，使得辽东古驿道核心交通枢纽完成了一次重要的转换，沈阳城从明代军事卫所沈阳中卫跃升为满清盛京皇城。直到顺治元年，清世祖迁都北京后，盛京改为陪都。经过这次历史性的转变，沈阳城逐渐发展成为今日东北的中心城市。

盛京驿道以盛京皇城为政治军事中心，开辟7条线路，通向四面八方，是清朝政府最用心经营的线路。在清代东北地区，总体来看盛京驿道驿站的设置保证了"三将军"之间、与北京城之间的信息传递，以及军事重镇、边防要塞和将军之间的政治军事需求，增强了驿道沿线地区的经济文化交流、各民族之间的往来。中国发达的汉文化与藏族、蒙族等少数民族文化，朝鲜半岛、日本群岛、俄罗斯、蒙古国等周边各国文化在盛京皇城得以融汇辐射。盛京皇城当时设有"高丽馆"，在朝鲜义州也设有"顺义馆"，成为清代东北亚多元民族文化交流融合和辽东古驿道兴盛的重要见证。

清盛京城总用地面积约169公顷，为"满汉融合"之城，既努力仿照汉人营城格局形制，又将满族文化习俗因地制宜地巧妙融合。盛京皇城是在明代汉人所建沈阳中卫城方城、十字街的基础上改造扩充,成为城方郭圆、三轴并举、九座城门、前文后商、"井"字形街道和"九宫格"式的城市空间。[119]（图4-4～图4-6）两代清帝王并未完全效仿将宫殿区单独围合在内城的汉制"宫城",而是将城市空间与宫殿空间相互渗透,相当于今日的开放性城市政府广场,使其成为"中国宫殿史上一处反传统的特例"[120],充分体现满族游牧文化与中原文化的杂糅,体现了辽东地域性文化的延续,在中国古代城市建设历史中占有重要的地位。目前,盛京皇城拥有文物保护单位和历史风貌建筑42处,文庙、萃升书院等文物古迹遗址57处,非物质文化遗产49项,是东北地区历史文化遗存最集中的区域。

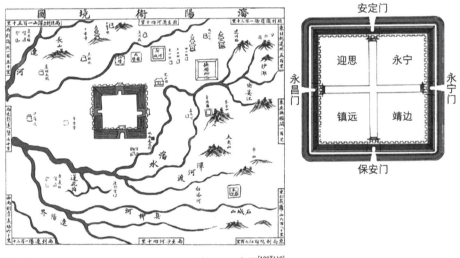

图4-4　明代沈阳中卫卫境图与沈阳中卫卫城平面示意图[109][119]

图4-5　盛京皇城城阙图与沈阳清故宫航拍图[121]

大南门

小西门

大南门

沈阳城东北角

图4-6　盛京皇城城门及城墙旧影[122]

②辽东古驿道核心交通枢纽辽阳古城

辽阳，古称襄平，是我国东北地区建城最早的城市。战国时期为燕国辽东郡治所，秦汉时期为辽东郡首府。唐代设安东都护府，管辖东北地区少数民族。辽金分别为东丹国都城及陪都。元代辽阳为行中枢省统辖东北全境。明代则为辽东都指挥使司治所，担负"安抚诸夷护卫京师"的重任。明末努尔哈赤在辽阳城外建立了清第一座都城东京城。从公元前3世纪到17世纪中叶，一直是东北地区的政治、经济、文化中心，是东北地区城建规模最大、形制最为雄伟的边防重镇，也是辽东古驿道的核心交通枢纽。

据大量考古文献和对辽阳老城及外围地区的考古发掘，测定襄平城与今辽阳市老城大致为同一位置。明清时期是辽阳古城最重要的时期，辽阳城在历代修筑的基础上于明代形成了方形形制和最终规模，贯通东南西北各城门驿站、驿道，相互连通。明代辽阳城分为南北两城，两城合计"周围共二十四里二百八十五步"。其中南城城"高三丈三尺，池深一丈五尺"；北城城"高三丈，池深一丈五尺"。城中整体布局规整，以鼓楼与钟楼为中心形成近似于"井"字的格局。城中心设置辽东都司治、都察院、苑马寺等主要军政机构，城内四周分置定辽五卫，而文教场所与宗庙等建筑基本建在城中四角，处于中心主要军政机构外围

（图4-7）。明代辽阳城共计有城门九座，每座城门内都立有坊牌，城门外有桥四座。辽阳作为辽东古驿道四向拓展的核心起点，汉文化与边疆少数民族文化在此交汇，是日本、朝鲜贡使朝贡的必经之地。如辽阳城安定门外的朝鲜馆是明代朝鲜使休憩之地。目前，辽阳城城址内留下了辽阳白塔、广佑寺、汉墓等大量遗址，它们承载着东北及东北亚地区世界民族间交流的信息，反映当时的社会生产力水平、宗教信仰、民族意识及建造技术等重要特征（图4-8）。

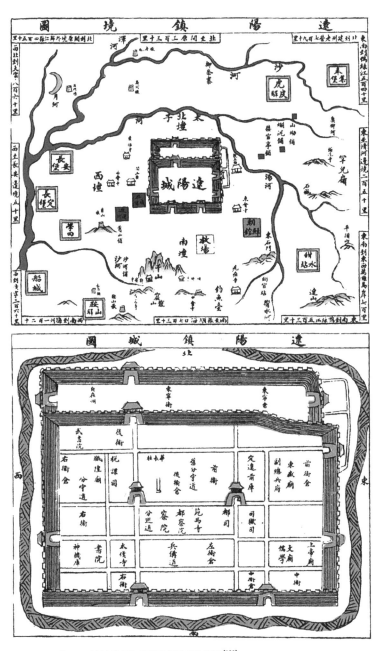

图4-7 明代辽阳城镇境图与辽阳城平面示意图[109]

图4-8 辽阳白塔与东京城

③辽东古驿道明代典型驿堡鞍山驿堡

鞍山驿堡是辽东古驿道之上现存保存完好的明代军事堡城城址。鞍山驿堡于明洪武二十年（1387年）设置，万历六年（1578年）修筑砖城，初为驿道传递所，是明辽东海陆防御体系中的附设建筑，隶属定辽前卫。鞍山驿堡以东西鞍山为屏，地势险要，易守难攻。明清之际，这里是辽南海陆线古驿道上的交通要冲，是兵家必争之地。鞍山驿堡也是该地区经济活动中心，城内空间虽小，无三街六市格局，但城内除设有官方机构和常住居民外，客栈、当铺、烧锅、油坊、药铺及日用杂货店铺一应俱全，驿内商贾极盛，车马繁多。因此，鞍山驿堡也是研究明清时期东北地区地方史、社会史的重要实物资料。目前，鞍山驿堡城堡平面为平行四边形，周长1125米，城池为砖石夹夯土结构，基石层高2米，砖砌层高7.5

图4-9 鞍山驿堡城门及城墙现状

图4-10 鞍山驿堡平面图

米,城墙厚度7.5米,基宽8米,墙高10米。仅设东北、西南两门,门为拱式结构。西南门经修复保存完好,门楼高13米,门洞宽3.9米(图4-9、图4-10)。

(2)辽南海陆线主要物质遗产遗存

本研究结合历史文献对辽南海陆线驿道城镇进行深入实地调研,对沿线镇遗存状况进行梳理,情况如表4-3所示。

辽南海陆线古驿道驿城遗存状况　　　　　表4-3

城镇	主要物质遗产遗存情况	代表性遗址
沈阳市	候城遗址、盛京皇城、沈阳故宫、昭陵、福陵、辽滨塔、新乐遗址、长安寺、无垢净光舍利塔、慈恩寺、实胜寺、叶茂台辽墓群、高台山遗址、石台子山城址、塔山山城、小塔子城址、魏家楼子汉代遗址等	
辽阳市	辽阳古城肌理、护城河（现为护城河公园）；辽代白塔；明代清风寺；清东京城城门、城墙遗址，东京陵和曹雪芹高祖曹振彦的题名碑；汉魏时期墓群壁画；唐代高句丽燕州城（白岩城）、八宝琉璃井等	
鞍山市	辽南地区保存最完好的明代鞍山驿堡古城，古城四周城墙、城门等尚存；四方台烽火台等	
海城市	海城古城肌理；唐帽山、城顶子山的唐代古城；明代的洪门寺、保安寺；清代的三官庙等	
海城市牛庄	枭姬庙码头、关帝庙、来佛寺、清真寺、天主教堂、太平桥、牛庄保卫战战场遗址	
营口市大石桥	护城河、烽火台	
盖州市	修复城墙一段，南城墙基础上建民房，钟鼓楼保存较好，护城河尚存；清山东会馆与天主教堂，50多处百年以上四合院，元贞观	
盖州市熊岳城	熊岳城城门楼（城门上建筑为后修复），古城肌理保存较好	

续表

城镇	主要物质遗产遗存情况	代表性遗址
盖州市土城子	已毁	
复州市	古城肌理；复州城瓮城城门洞，明城墙一段，护城河、辽永丰塔、唐永丰寺，辽南地区最大魁星楼已毁，横山书院保存较好；明代龙爪古槐；清道光东北最古老的横山书院、清乾隆清真寺、清复州城防守尉遗址以及历代知州衙署遗址等文化古迹	
大连瓦房店岚崮村	已毁	
大连市金州	金州副都统衙门（复原重建），金州古城路网肌理、忠义寺、曲氏井、大黑山山城、唐王殿、朝阳寺、胜水寺等	
大连营城子牧城驿	驿城肌理已毁，南段驿城城墙、护城河、东山烽火台、西山烽火台；大型汉代墓葬群等	
大连旅顺口	战国至汉代牧羊城古城城墙遗址，旅顺南、北城已毁；狮子口登陆地；唐鸿胪井刻石（现存于日本）	

（3）驿道交通工程及设施遗产

辽东古驿道是由一系列道路遗存（陆路、水路、海路），如桥梁、关隘、台（路台）、空、栈道、码头，水运、水利工程等支撑道路结构的相关基础设施构成。由于年代久远，道路本体的完整踪迹难寻，但是留存下来的交通基础设施遗迹因其可以提供证明线路走向及结构的线索而具有重要意义，如表4-4所示。

主要交通工程遗产概况   表4-4

代表性桥梁	桥梁特征	遗存现状
永安石桥	桥体全长37米,宽14.5米,为清初修筑盛京至北京大御路时建造,被称为盛京第一桥。为三孔砖拱石桥,桥两侧各立19根栏柱,上有狮子等石雕,柱间石栏板石雕艺术精美。石桥建筑整体结构坚固,造型舒展大气,充分展现我国古代桥梁的建筑风格	
永济桥	又称北大桥,为三拱石桥,桥两侧建有立柱和栏板,券洞外雕花纹,桥头两岸有护岸石,造型壮观,结构坚固、雕工精美,具有较高的建造工艺。清初为方便与蒙古族部落往来,将明水利工程永利闸改建成永济桥。属清朝历代皇帝东巡大御路,是盛京驿道连通关内和内蒙古的重要交通设施	
挂符桥	桥体全长5.7米,宽5.6米,桥面距河底7.1米。明代万历年间建于驿道之上,清代重修。结构采用母子对齿法,坚固耐久。体现了古代筑桥先进的建造技术,是辽南地区现存最早的石桥	
牛庄太平桥	也称北关石桥,桥体全长约50米,宽约4.5米,高约5米,15孔。始建于明末清初,重修于清道光年间。桥墩和桥面全为花岗石,望板为青石,望柱柱头上雕有狮子、猴子、石榴、桃、八宝等	

二、衍生功能主题相关遗产要素

(1)军政经略主题相关遗产要素构成

军政经略相关遗产包含辽东古驿道沿线相关的军事防御工程遗产、军备工程遗产、军工厂、专题性战争遗产以及政治交往遗产。辽东地区是军事政权争夺的主要地区,因此历朝历代的防御工事、军备工程等设施数量巨大,主要有辽东沿海防御系统、长城系统和山城防御系统等。这些军事工程与辽东古驿道一起共同见证了不同历史时期辽东地区的各种规模军事政治活动的历史事实,是重要的历史见证。总体来看，军事遗产与辽东驿道在线路支持、线路环境及历史事件等方面的关系上关联最强（表4-5、图4-11）。

军事政治代表性遗产　　　　　　　　　　表4-5

军政经略遗产分类	代表性遗产
防御工程	三十里堡烽火台、石河烽火台、排石烽火台；营口西炮台、和尚岛炮台；高句丽山城、得利寺山城、巍霸山城、羊官堡石城、小黑山山城；哈斯罕关址等
军备工程	旅顺清末"兵营遗址"、清末练兵场、南子弹库；永宁监城（养马）、明辽南地区各卫盐场百户所、铁厂百户所等
军工厂	清旅顺船坞
战争、政治专题遗产	旅顺清甲午战争遗迹、牛庄保卫战战场遗址、明黄龙将军墓、唐鸿胪井遗址等

图4-11　辽南海陆线军事政治遗址

（2）文化交流主题相关遗产要素构成

文化交流遗产是古驿道上多民族文化交流的重要见证。以汉传佛教为代表的宗教文化在东传辽东过程中留下了大量宗教建筑、佛塔、碑刻等。它们的建筑形式、建造做法、艺术特征体现了中国传统建筑文化、宗教文化与民族文化的融合交汇（表4-6、图4-12）。

文化交流代表性遗产　　　　　　　　　　　　　表4-6

文化交流遗产分类	代表性遗产
宗教文化	慈恩寺、实胜寺、太清宫、大安寺、中会寺、三学寺、祖越寺、大安寺、中会寺、香岩寺、无量观、龙泉寺、玄贞观、首山清风寺、清泉寺、永兴寺、复州清真寺、松山寺、响水寺、观音阁、金州天后宫前大殿、朝阳寺、石鼓寺、永清寺、长春庵、三清观、关帝庙；无垢净光舍利塔、辽滨塔、银塔、金塔、辽阳白塔、永丰塔、一塔、二塔
社会历史	昭陵（北陵）陵寝、福陵、叶茂台辽墓、东京陵、岗上墓地；锡伯族家庙、营城子汉墓、报恩寺、琉璃影壁、柳家画像石墓、鹅房壁画墓、上王家壁画墓、营城子壁画墓；望海寺摩崖石刻造像、梦真窟；张氏节孝牌坊、横山书院；阎福升故居

图4-12　文化交流代表性遗产遗址

(3) 经济交往主题相关遗产要素构成

辽南古道沿线承担商品制作和销售流通等功能的经济贸易物质遗存，见证了辽南古驿道促进辽东地区整体经济交往的历史，因此，商业贸易历史遗产是该遗产廊道必不可少的构成要素（表4-7、图4-13）。

经济交往代表性遗产　　　　　　　　　　　　　　　　表4-7

经济交往遗产分类	代表性遗产
商品流通	山西会馆、山东会馆、三江会馆、腾鳌三省会馆；八角台、田台庄商埠、商业重镇；上海瑞昌成总号营口分号旧址
商品生产	皇瓦窑（东北唯一宫廷琉璃窑址）；江官屯窑址（辽代瓷窑民窑）

海城山西会馆　　海城皇瓦窑　　辽阳江官屯窑址　　晚期火膛及窑床

图4-13　经济交往代表性遗产

三、古驿道非物质文化遗产要素

辽东古驿道不仅是其作为一条跨越时空的实体线路，更重要的是古驿道路之上多元文化动态交流的过程以及人类文明智慧的结晶。这些结晶在历史上持续渗透，对当今地区社会发展产生了深刻的影响。当前，自然环境与人为因素的影响，可以证明古驿道线路本体结构的物质文化遗产破碎化、消失情况严重，而沿线地区之人类活动所留下的非物质遗产要素，成为还原线路以及线路物质性要素存在的文明坐标。因此，辽南海陆线文化线路非物质性遗产要素的调查与研究，成为支撑和体现线路主题的重要工作内容。

辽南海陆线沿线非物质文化遗产要素调研主要以《保护非物质文化遗产公约》《辽宁省非物质文化遗产资源名录》为基础，结合线路沿线实地踏勘和走访进行整理，对各市物质化遗产类型进行统计，见图4-14。

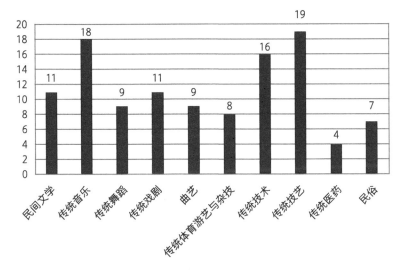

图4-14 辽南海陆线非物质文化遗产类型构成

第五节
辽南海陆线文化遗产构成特征分析

本书选取辽南海陆线鞍山、营口及大连，以及沈阳、辽阳两个交通枢纽城市，共五个城市，对130项省级以上物质文化遗产要素进行登录与综合分析。

一、辽南海陆线驿道遗产要素综合构成分析

（1）文化遗产类型构成分析

对辽南海陆线驿道沿线物质文化遗产进行类型构成数量统计分析以及遗产大类的构成分析：对于不同类型的物质文化遗产，以古建筑数量为最多，古遗址次之，再次为重要史迹及代表性建筑，石窟寺及石刻最少。可见，古建筑与古遗址是塑造了辽东古驿道沿线历史环境景观的重要组成内容，如图4-15所示。

（2）文化遗产历史年代构成分析

辽东古驿道沿线的文化遗产要素均为古驿道历史发展和历史积淀的产物。从辽东古驿道要素形成的历史时期分布情况来看，比较符合辽东古驿道整体的发展历程。遗产要素主要分布于明清时期，其中又以清代最多。由于明清时期，随着辽东政治军事政权势力在辽东半岛势力的扩大和统治加强，此期间创建并保留了大量的历史遗存，成为辽东古驿道文化遗产廊道的主要构成（图4-16）。

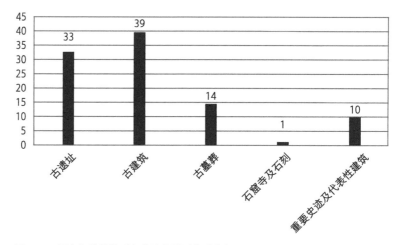

图4-15 辽南海陆线物质文化遗产类型构成分析

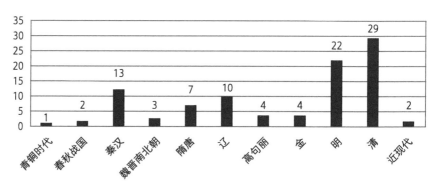

图4-16 辽南海陆线文化遗产历史年代构成情况

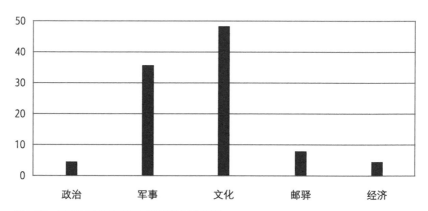

图4-17 辽南海陆线遗产类型构成比例分析图

(3) 古道主题相关性构成比例分析

如图4-17所示,辽东古驿道上与文化交流主题相关、与军事政治相关的遗产数量最多,是辽东古驿道线路遗产廊道存在的重要物质载体与依托。

（4）各主题遗产要素空间分布分析

总体来看，文化交流类遗产在各个城市遗产资源中所占比例较大，是辽东古驿道沿线文明交流对话的重要历史见证（图4-18）。

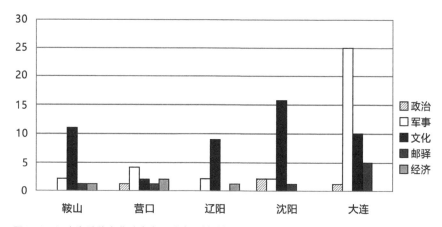

图4-18 辽南海陆线文化遗产主题分布区域分析

二、辽南海陆线驿道遗产要素构成特征分析

（1）遗产整体类型多元，主要遗产类型明显

辽南海陆线驿道文化遗产构成要素类型多元，在遗产要素总体数量中，文化交流类型的遗产要素优势突出，军事类型遗产要素比例也较大。因此，重视辽南海陆线的文化交流与军政经略是线路保护主题重点考虑的方向。

（2）遗产要素时间分布态势与辽东古驿道发展历程相吻合

辽南沿线文化遗产集中分布为明清两历史时期，与辽东古驿道整体历史发展的进程相吻合。辽南各城市不同历史阶段的遗产要素分布虽有差异，但仍表现出以明清时期的历史遗存为主。明清之前辽东地区在政治、宗教、文化上与汉文化均有一定交流，明清时期古驿道发展进入鼎盛时期，极大地促进了地区各方面的文明交流和社会进步，形成并保留了大量的物质文化遗产。

第六节
本章小结

辽东古驿道沿线地区留下了数量巨大、类型丰富、相互关联的物质文化遗产与非物质文化遗产,这些遗产要素与线路本身共同构成了辽东古驿道的空间整体性。本章在历史资料研究和历史信息验证的基础上,建立了全面而完整的古驿道遗产要素描述模型。进一步从动态性、专题性和环境相关三方面归纳遗产要素与线路之间的三种关联方式深化系统筛选标准。以辽南海陆线为例对驿道沿线遗产要素进行收录,并对类型构成、历史时期和空间分布特征进行综合分析,完成遗产资源系统筛选的实证研究。

第五章

辽东古驿道文化遗产价值认知与综合评估

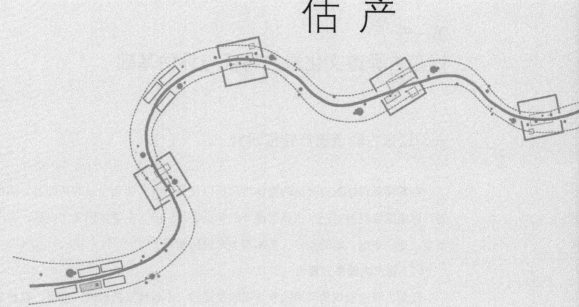

本章首先对辽东古驿道的遗产特征进行提炼，从评价主体需求的价值目标和文化遗产价值共性建立评价基础。其次，进一步阐述了辽东古驿道遗产的多维价值构成层次并进行具体解析。之后，探讨辽东古驿道引入现代综合评价理论方法的合理性与可行性，采用以层次分析法为主、定性与定量相结合的综合评价方法。应用该方法建立了辽东古驿道物质文化遗产与非物质文化遗产价值综合评价体系，通过该过程得到相对科学、规范的评价结果，获得对遗产要素价值更为全面系统的认识。以辽南海陆线驿道为例，在中微观层面采用德尔菲法和层次分析法，对辽南驿道沿线五个城市的文化遗产资源进行综合价值评价。在宏观层面，通过参照世界遗产价值评价标准进行适用性分析，与国内文化线路遗产进行比较研究，对辽东古驿道进行文化线路整体价值进行分析，为整体性保护规划与再利用提供科学依据。

第一节
辽东古驿道文化遗产特征与评估基础

一、辽东古驿道遗产特征研究

在前两章对辽东古驿道的整体性分析以及线路遗产要素登录的基础上，结合遗产廊道综合视野对辽东古驿道遗产的特征进行总结，主要按照文化内涵、遗产类型、遗产功能、地域差异、艺术审美来进行阐释。

（1）遗产内涵多元复合

辽东古驿道沿线地区地跨北方农牧交错带，不仅传统的游牧、渔猎、农耕文化深深影响着这片区域，这里同时也是汉文化与朝鲜半岛、日本列岛、远东地区文化交流互动活跃区。因此，这一区域空间的文化历史叠代过程中在多方向上传播，不断交融、磨合，形成了多元化特征。而辽东古驿道上灿若繁星的文化遗产，便是众多文化之间吸收融合、层层积淀的结晶。文化遗存的多元文化内涵成为辽东古驿道遗产最主要的特征之一。如从宗教传播来看，辽代契丹统治者为了消除民族隔阂，稳定统治，大力推广汉传佛教，辽代佛塔在辽宁地区的遗存多达130多座。再如，义县奉国寺内主体建筑大雄殿及寺院整体，上承唐代遗风，下启辽、金等寺院建筑空间布局，不仅是辽金寺院中的经典力作，也代表了辽代建筑最高成就。汉满民族文化交流体现出建筑最高水平的当属沈阳故宫，其建筑"吸收和传承了中原木结构建筑的营造技术，融合了满族的民族文化，借鉴蒙、藏等少数民族的建筑技术和艺术，呈现出多民族的建筑技术的特点"[123]。

（2）遗产类型综合多样

通过前两章线路整体性分析以及遗产要素系统筛选研究可知，从宏观来看，辽东古驿道既属于古代邮驿体系，又属于辽东军事政权管理系统，因此，辽东古驿道文化线路核心遗产具备明显的层级特征。驿道沿线驿城、驿镇、驿堡、腰台、急递铺、递运所、道桥、码头等遗产，形成了一套功能完整、等级鲜明的遗产系统。从中微观来看，古驿道沿线因驿道而生的各类文化、军事、政治、经贸、宗教和社会生活相关的遗址数量庞大。辽东古驿道以邮驿为核心主题，沿线遗产几乎覆盖了古迹遗址全部类型，证实了古驿道发展与辽东地区的社会、经济生活发展的紧密关联。此外，伴随不同历史时代、不同政治环境、管辖背景的更替，辽东古驿道以及沿线这些不同等级的驿城、驿站以及驿城街区、古建筑的功能频繁转换，也促成了遗产类型综合多样的特征。辽东古驿道物质文化遗产与非物质文化遗产系统，与古道沿线自然风景等资源相呼应相组合，共同组成了一个层次丰富的文化景观综合体。

（3）遗产功能活态延续

文化线路遗产功能的活态延续性，是其区别于其他类型文化遗产的特征之一。交通地理、交通制度和交通文化，是一个地区、一个国家发展水平最具标志意义的社会载体。它传递着古今政治的、经济的、民族的、文化上的经久不息的历史脉动，记录着内涵丰富的地理、生态、人文信息。今日，历经历史沉浮的辽东古驿道，几乎与历史上的路径重叠，至今仍然承担着东北地区的陆路运输交通作用。当前，辽宁省内的主要国道、省道、铁路等陆路线路或沿用辽东古驿道，或在古道旁架设更高效率的通途，辽河、黄渤海海路线路也依然在持续发挥着繁忙的贸易运输功能。曾经辉煌的古驿道仍在继续承担着传递文明的功能，以新的形式在延续着线路的功能价值。古道沿线的驿城、驿堡、古村落等，或保持原状，或伴随着新交通功能的更新，改变了原有空间格局形态，古驿道沿线仍有在遗产之中世代生活的居民，说明辽东古驿道文化线路遗产具有非常明显的活态延续的特征。辽东古驿道生生不息，承载着今天辽宁地区丰富多彩的社会生活。

（4）遗产地域之间差异性

辽东古驿道以辽中地区为中心向四个方向辐射，线路穿越辽宁省境内不同的自然环境。首先，在自然条件方面，一方面因线路地处东北，四季分明，气候寒冷，辽东古驿道遗产在建造技术、色彩、建筑材料、空间布局等方面显示出寒地适应性和地域性。另一方面，线路沿途地形地势复杂，地貌环境的多样性对沿线驿站驿城的气质特征形成产生重要的影响。辽东地区驿路四条干线分属于丘陵河谷、辽河平原、山地海滨等不同地理环境，各条线路选线、沿线驿城的选址因其所处地区的地理情况不同而有着极大的差异。因此，在古城、古建筑、古代防御工事，交通工程等方面的修筑技术和建造难度上都呈现差异化。其次，由于辽东地区历史时期各少数民族政权与中原政权的政治关系不断变化，各少数民族部落与中原管辖的政治边界也不断动荡，因此，各条线路沿线区域中原文明的渗透程度和演化进程也各不相同。实际上，当前辽宁地区辽西、辽南、辽北、辽中和辽东在方言口音、少数民族构成和风土人情方面均存在着显著差异，这显示出东北地区历史上社会发展深刻的联系。最后，从整体来看，辽东古驿道文化线路遗产受自然环境条件和内部地域文化融合度的影响，四条线路也呈现出遗产特征差异，由此带来的价值重点便各有不同。比如辽西走廊线古驿区别于其他稍晚成形的线路最重要价值之一，就是"其作为最早见诸史籍的中国东北和东北亚古交通道，在东北及东北亚交通地理以及交通文化的开拓史上具有筚路蓝缕之功"[124]。总之，各条线路以及线路遗产元素之间存在差异性，共同构建了辽东邮驿文化线路的整体价值内涵。

（5）遗产审美艺术感

辽东古驿道遗产特色鲜明的审美艺术特征是多元文化内涵的直观体现。从辽东古驿道遗产的审美属性上可见，辽东古驿道遗产将少数民族文化艺术、宗教民俗意象积极地与中国古典建筑文化相融合，充分展现了东北边疆地域文化艺术兼容并蓄的特色，也促进了中华传统文化在东北亚各国的传播。辽东古驿道沿线遗产审美的艺术性主要体现在遗产的造型、材料、装饰纹样、色彩等方面。以满族民居为例，其装饰特色是其民族性格的突出体现。从远古肃慎人至满族形成，民俗习俗、传统文化、汉文化等对宫殿、民居建筑室内的装饰风格都产生过重大影响。石雕、木雕、砖雕数量众多，堪称精美。再如，辽东地区辽代佛塔在建筑造型和装饰设计上延续了唐塔浑厚雄壮的艺术特征，又借鉴了宋塔的秀美线条，砖雕、石雕、泥塑等工艺考究，将契丹草原民族和西域国家文化的精髓相融合，最终形成了辽塔独特的艺术美感。

二、古驿道遗产价值评价基础

（1）评价主体需求的价值目标

古驿道遗产在时间和空间上均具有延续性，对其进行价值评价的目的是为了更好地保护和传承。价值评价受多方面因素影响，尤其在城镇化快速进程中易出现经济优先的情况，所以要从价值主体的需求上来综合考虑，以实现价值构成的研究目标。价值评价的目标主要有以下三点：

①明确辽东古驿道遗产的价值

建立完善辽东古驿道遗产的价值资源资料，使辽东沿线的遗产资源在价值等级、价值特征和价值前景等方面便于各价值主体认识，为遗产保护规划提供多决策的基础。

②协调沿线各价值主体需求

古驿道线路沿线的价值主体包括各类群体，需求不同且各有侧重。政府部门侧重经济价值和使用价值的挖掘，以及遗产对城市形象的提升；科研组织侧重遗产本体历史、艺术、科学三大价值的深入研究；民间遗产保护组织和遗产地社区居民更侧重文化情感价值、社会价值。在本书进行价值评价时，因古驿道遗产具有的游憩特性，要综合考虑当前社会经济背景下多方面价值主体综合需求之间的协调。

③为制定辽东古驿道遗产的保护规划提供价值基础

本书从价值认识与综合评价的结论出发，可以得出辽东古驿道遗产的综合价值分级。进而可以作为依据对驿道沿线遗产进行归类，为制定遗产廊道相应的保护规划的建立提供科学的根据。

（2）文化遗产价值构成共性

①文化遗产价值构成共性研究

如何认知遗产价值是遗产价值评价的核心问题，对遗产的价值认知和价值判断指导着遗产保护理念、方式与措施。国内外针对遗产价值类型划分的研究经过多年探索，认知始终在不断发展，更加综合全面，建立法律法规，为遗产价值评价工作的开展奠定基础。国内外遗产价值类型综述如表5-1、表5-2所示。

国际遗产价值类型综述　　　　　　　　　　　　　表5-1

时间	国际官方机构会议文件宪章	价值类型
1931年	《关于历史性纪念物修复的雅典宪章（修复宪章）》，历史纪念物建筑师及技师国际协会	艺术价值、历史价值和科学价值
1954年	《武装冲突下保护文化财产公约（海牙公约）》，联合国教科文组织	历史价值、艺术价值、考古价值
1962年	《关于保护景观和遗址的风貌与特性的建议》，联合国教科文组织	艺术价值或文化价值
1964年	《关于古迹遗址保护与修复的国际宪章（威尼斯宪章）》，历史古迹建筑师及技师国际会议	文化意义
1972年	《保护世界文化和自然遗产公约》，联合国教科文组织	历史价值、艺术价值、科学价值、审美价值，具有突出普偏价值
1975年	《阿姆斯特丹宣言》，欧洲理事会	文化价值、历史价值、文化意义
1987年	《保护历史城镇与城区宪章（华盛顿宪章）》，国际古迹遗址理事会	传统的城市文化价值
1999年	《巴拉宪章》，ICOMOS澳大利亚国家委员会	美学价值、历史价值、科学价值、社会价值
2005年	《西安宣言》，国际古迹遗址理事会	社会价值、审美价值、精神价值、自然价值、历史价值、艺术价值、科学价值或者其他文化层面存在的价值

国内遗产价值类型综述　　　　　　　　　　　　　表5-2

时间	国内官方法规、条例	价值类型
1982年 2007年	《中华人民共和国文物保护法》	历史价值、艺术价值、科学价值
2000年	《中国文物古迹保护准则》	历史价值、艺术价值、科学价值
2015年	《中国文物古迹保护准则》	历史价值、艺术价值、科学价值、社会价值、文化价值
1982年 2008年	《历史文化名城、名镇、名村保护规划规范》	历史价值、科学价值、艺术价值，强调遗产的真实性、完整性

②文化线路遗产价值构成共性研究

文化线路遗产是世界文化遗产的一种特殊类型，遗产要素本质上也具有其他传统类型遗产的共性，价值构成的研究完全可以参考其他文化遗产的价值构成。如国内学者丁援在其《文化线路理论研究》中，将文化线路分为层标准价值（权重30%）：真实性与完整性；中层标准价值（权重45%）：历史价值、科学价值、艺术价值；高层标准价值（权重25%）：社会价值。为文化线路价值构成研究提供了有价值的参考。从文化线路作为"遗产线路"申报世界文化遗产工作来看，一般在对一条文化线路形成基本认识后，需要结合比较研究、确定遗产项目的主题和价值要点，筛选适用的世界遗产价值标准。进而认定遗产要素，并通过真实性、完整性的评估，来检验遗产要素对遗产价值的表达是否准确和充分。除了阐述各遗产要素的真实性和完整性，还需要阐述申报项目的遗产要素的筛选原则和方式，以说明遴选出的遗产要素能真实、完整地反映遗产项目的"突出普遍价值"。遗产要素之间的价值联系、遗产要素与文化线路的价值联系以及遗产要素对整体项目的价值贡献都需要得到充分阐释。在真实性方面，遗产要素与线路的关联性的真实性可以通过考古报告、文献资料等方面阐述，或通过能建立起关联性的相关非物质遗产来证明。在完整性方面，除了可从文化线路的意义与价值、遗产要素的构成等方面阐述整体项目的完整性、从遗产地本体的保存状况阐释遗产地的完整性之外，还应该从"文化线路的定义阐释"中对文化线路的背景、内容、跨文化的整体意义、环境、动态性等方面，对是否充分具备反映这些特征的遗产要素进行阐释。总之，文化线路因其建立在众多要素组合基础上，相比于单个或者单组遗产，在主题方向、范畴和规模、要素组织筛选等方面呈现出复杂多样的可能性，为文化线路的价值评估与遗产认定增加了一定难度。

　　以上的这些多层次、多视角的价值构成研究，均适用于分析辽东古驿道文化线路遗产，在辽东古驿道文化线路遗产的价值体系中属于本体价值的范畴。无论是适用于整个文化遗产领域的价值认知，还是文化线路专项申遗价值研究，都涵盖了辽东古驿道文化遗产，而最为关键的是针对辽东古驿道遗产的不同价值等级，挖掘辽东古驿道文化线路遗产的特征价值。中国古驿道遗产作为文化线路遗产的一种类型，目前关于其价值构成研究还停留在较浅显的阶段，多以文物保护、人文地理为基础探讨遗产价值构成的相关研究方法，侧重在真实性方面对遗产文化价值的理解。

第二节
辽东古驿道文化遗产多维价值构成

　　伴随社会对文化遗产的价值认知的不断深化发展，人类在过去几千年对文化遗产的价值认知始终在不断调整、变化。各类型遗产保护文件的不断发布，反映出了遗产类型扩展带来的遗产价值多角度立体化阐述的细化和全局观。对文化遗产的价值认知由单一的文物历史价值（纪念性价值）、艺术价值、历史价值逐渐

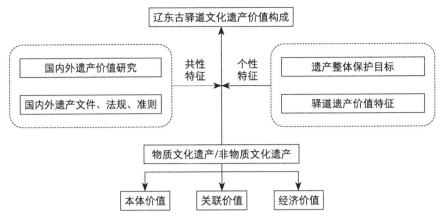

图5-1 辽东古驿道文化遗产多维价值构成研究

转变为综合性的文化价值、社会价值以及经济价值等方面。这与遗产类型的不断拓展息息相关,从建筑单体到历史街区再到历史文化名城,遗产价值的构成更为多元。总体来看,历史、科技、艺术三大价值一直被作为最基本的遗产价值进行描述,而针对不同类型遗产价值认识上的拓展通常以社会价值、经济价值等价值类型予以体现。随着线性、大尺度、跨区域的遗产类型的出现,遗产价值的多维构成呈现新趋势(图5-1)。

一、辽东古驿道遗产价值构成

辽东古驿道遗产价值构成内容从遗产共时性和遗产功能角度来进行分类,将辽东古驿道遗产价值构成分为线路遗产要素价值和线路整体价值两方面。辽东古驿道单体遗产构成要素的价值是其整体价值的基础,二者之间存在明显的整体与局部关系,互为有力支撑。辽东古驿道线路遗产要素可以分为物质文化遗产与非物质文化遗产两类。本书基于国内外文化遗产价值构成文献及《文化线路宪章》、"遗产廊道选择标准"中的价值描述,结合对辽东古驿道的文化遗产的属性和特征分析,得到辽东古驿道遗产要素价值构成,如表5-3、表5-4所示。下面将对遗产价值分别进行描述。

辽东古驿道物质遗产要素价值构成　　　表5-3

目标	一级构成	多维价值构成
辽东古驿道物质文化遗产价值构成	本体价值	历史价值
		艺术价值

续表

目标	一级构成	多维价值构成
辽东古驿道物质文化遗产价值构成	本体价值	科学价值
		社会价值
	关联价值	遗产要素之间的价值联系
		线路整体价值贡献
	经济价值	环境价值
		使用价值
		游憩价值

辽东古驿道非物质文化遗产要素价值构成　　　　表5-4

目标	一级构成	多维价值构成
辽东古驿道非物质文化遗产价值构成	本体价值	历史价值
		艺术价值
		科学价值
		社会价值
	关联价值	与物质遗产的价值联系
		线路整体价值贡献
	经济价值	城市发展价值
		旅游开发价值
		产品开发价值

辽东古驿道物质遗产本体价值包括历史价值、艺术价值、科学价值和社会价值；经济价值包括环境价值、使用价值、游憩价值。非物质文化遗产本体价值包括历史价值、艺术价值、科学价值和社会价值；经济价值则包括城市发展价值、旅游开发价值和产品开发价值。根据文化线路价值特征，无论物质遗产还是非物质遗产，都进行关联价值的评价。物质文化遗产关联价值包含了遗产要素之间的价值联系及遗产要素的线路整体价值贡献两类。非物质文化遗产则包括了与物质遗产的价值联系及对线路整体的价值贡献。辽东古驿道遗产价值的构成类型研究，力求为其遗产的保护利用与可持续发展提供科学依据。

二、辽东古驿道遗产价值解析

遗产廊道的价值体系建构是以当代社会的发展需求为前提，遗产的价值传承与社会发展的具体要求密不可分。遗产为人服务的方式已突破传统展览传播的观赏意义渗透进人们的生活，与日常生活密切相关。辽东古驿道文化遗产本身具有文化遗产三大价值，而其与地理环境紧密融合的独特性、实用的交通功能性，以及因古驿城设置而迁居、定居于此世代生活的居民情感联系，又使其衍生了超越文物概念的价值，所以在遗产价值体系的价值子系统建构时，应面向未来以发展的视角而不仅仅是用追忆的思维去看待遗产的价值构成。下面对辽东古驿道遗产价值的具体内容进行详细的解析。

（1）**历史价值**

辽宁古驿道文化线路遗产见证了辽东历史上政权更迭、经济交流中我国东北各民族以及东北亚各国的文化交融，具有鲜明的历史文化特色和民族特征，具有重要的历史价值。古驿道文化线路与其背景历史时空相联系，特定历史时期的物质遗迹反映了线性文化遗产自身发展及沿线生活的各族居民在漫长时代变换中的社会活动状况以及相应的社会发展水平、自然生态状况。透过这些物质载体可帮助我们复原历史信息，或更清晰地认识辽东地区各个历史发展时期的状况，了解地区及各民族间相互联系、相互制约的社会关系。例如，辽东古驿道系统凝聚了各个历史主线的文明轨迹，例如秦始皇东巡辽东、曹操东征乌桓、东北亚文化交流线路、满族入关、清帝东巡路线等；长城以及驿路整体防御系统的修建，同时带来大量人口迁入定居，使得辽东半岛形成了完整的城镇聚落。整体承载并记录特有的历史信息，见证了古代中国东北边疆社会的政治、经济、文化的变迁与更替，反映当时生产生活、社会习俗、历史事件和历史人物的活动等。留下大量的建筑物、防御工事、寨堡，成为象征性纪念物和精神场所，浓缩了时代的人物、事件记忆。历史上在辽东古驿道文化遗产范围地内发生过多次战争，如唐王李世民东征辽东、萨尔浒之战，以及甲午海战等，长城及驿路沿线的卫所、寨堡等军事工程都能好地见证重要历史事件、人物活动发生时的历史环境，承载了值得记忆的重要历史信息。它可以证实、补充关于明清历史以及朝贡交流的文献记载的史实。

辽东古驿道非物质文化遗产极具历史价值，如锡伯族、满族民间故事等民间文学，长海号子、阜新东蒙短调民歌、金州舞龙、海城高跷等非物质文化遗产项目承载着丰富的历史，蓄积了民族和地域特色的精华，反映着辽东历史文化传统和人文情怀、民俗变迁，我们可以从中了解不同历史时期的生产力水平、社会结构、世俗风貌、道德禁忌等。历史价值是辽东古驿道遗产的核心价值，也是其他类型价值的基础。总之，通过物质文化遗产和非物质文化遗产可以让我们与祖先沟通，感受他们的思想、情感和智慧。

（2）艺术价值

遗产的艺术价值在国际遗产保护法规政策中被广泛提及，主要是指文化遗产自身明显而独特的艺术特征，即能够体现历史时期的某一艺术类型演变规律、某一艺术风格，在艺术处理上展现出其审美感染力，可为人类的艺术创作、审美趣味提供见证价值。辽东古驿道文化线路遗产要素的艺术价值极具典型性。多元的民族文化背景带来多元艺术文化的融合，通过不同时期汉文化的时代演绎，形成了东北地区特有的生活场景和建筑文化，多元的艺术风格构成了辽宁古驿道文化线路沿线独特的文化景观。在辽东古驿道文化线路的各类文化遗产要素中，诸如建筑形式和雕刻、绘画装饰、各民族传统手工艺品和各类表演艺术、社会风俗等都蕴含着具有独特的美学特质和艺术审美价值，给人带来审美、欣赏、愉悦的精神享受，人类在对文化遗产的审美过程中陶冶了情操，丰富了精神生活。辽东古驿道文化线路遗产的艺术价值是在长期美学实践活动之中的结晶，丰富多彩的造型艺术设计与装饰给人以审美艺术的巨大冲击。例如，辽阳古墓壁画以生动飘逸的线条和浓淡相宜的色彩勾勒出了宴饮图、庖厨图、舞乐百戏图、日月星辰、珍禽异兽等，栩栩如生地展现了汉唐时期辽东地区的日常生活景观。锦州义县奉国寺辽代大雄殿主体建筑为我国古代木构建筑最大遗存，在建筑结构、比例、色彩和技术上均具有独特的艺术审美价值。大殿中历经千年的辽代佛像和绘于大雄殿梁架及斗栱内侧及内槽斗栱上的辽代彩绘原作，不仅年代早，数量大，且保存完整，是我国罕见的辽代艺术杰作，艺术价值极高。此外，辽东地区的辽代佛塔以其高超的建造技术和繁复华丽的艺术装饰而闻名于世。非物质文化遗产中包含着丰富的表演艺术、口头文学、生活习俗、服饰礼仪、传统工艺等，展示出辽东地区多民族生活风貌、艺术创造力和审美水平。

（3）科学价值

文化遗产作为历史信息和文化信息的珍贵史料提供了历史时期社会经济发展水平、科学技术水平和人类活动能力的历史佐证。从物质文化遗产来看，辽东古驿道的开拓发展带动了驿道沿线村落的建设与发展，也直接带动了旅馆、府衙、军事堡垒等各种古代建筑类型的产生。辽东古驿站驿城、军事寨堡的选址根据所处地理环境因地制宜，依据辽东平原、地形走势和功能需要进行规划布置，体现了科学精神与科学思想。如东北地区因地处北疆，总体气候偏低，在此条件下的满族民居、宫殿等古建筑的采光、防寒、取暖设计策略与寒地人居环境联系紧密。满族建筑墙体加厚，将柱子置于墙内，减少开窗，形成"口袋房"，采用"万字炕""地火龙"等特殊建筑结构、地方材料及有针对性的建造思想，对寒地建筑的创作与发展均有启发与借鉴。中国传统的建造技术理念与少数民族构造技术相融合，形成了独特的建筑结构、空间布局等，积极推动了辽东古建筑建造理念及技艺的水平。如沈阳故宫大政殿平面采用了"八边形"以及行军幄帐意象的整体建筑造型，生动地体现了努尔哈赤八旗制度治国思想和国家政权的象征；沈阳故宫硬山建筑结构形态的组合，在沿用中国传统木建筑抬梁式构件搭接做法上采用了满族人特有檩枋式构件组合方式，实现汉文化融合的独特创造。在大清门和崇政殿的檐柱柱头上形如雀替的构件则来自于藏式建筑木构架中的典型做法。此外，非物质文化遗产本身含有相当程度的科学技术成分，如老龙口白酒传统酿造技艺、本溪松花石砚台制作技艺、中医正骨疗法（海城苏氏正骨）、蒙医药（血衰症疗法）等具有科学研究的价值，为后人传承创新奠定了基础。

（4）社会价值

2015年《中国文物古迹保护准则》引入了社会价值，完善补充了文物价值的构成。《巴拉宪章》（1999年）中的价值认知也强调了遗产的社会价值。"社会价值通常是指受到社会人文环境和自然环境影响而形成的个人价值观，经过社会性的选择、调整与淘汰以及长期的经验互动，所形成的多数人共识的社会价值观。理论性价值观和风俗性价值观相互影响、相互作用，构成了现实社会的主流价值思想，即社会价值体系。"[125]

辽东古驿道的价值建构过程也是各历史时期社会的建构过程，在这过程中，遗产的历史、宗教传播和特殊遗产个体的独特影响都以各种形式发挥了对社会的影响。辽东古驿道是本地域居住人群历史上的重要使用载体，同时也形成历史发展进程中的一种持续存在，在过去和现代社会场域之间形成稳定而深刻的联系，与地域文化的形成有着直接的联系。辽东古代驿道遗产与辽东地区社会人文环境共同影响着这一地域的整体及个人价值观，同时社会民众的生活互动和社会演替，也塑造了普世社会价值体系。对古驿道遗产的保护利用可以使得该地区居民因确认其社会历史中的身份而获得认同感，线路之上发生的历史事件、历史记忆、传说故事与文化遗产要素之间紧密相联，有效地形成象征价值和情感价值，从而引发浓厚的家乡责任感、归属感和文化认同感，引申出情感共鸣。由此可得，社会价值是辽东古驿道遗产的重要价值属性，是辽东古驿道遗产各维度价值与社会活动相互交融的结果，既包括社会人群与遗产的互动，如伦理、习俗、社会规范体系等，也延伸至宗教信仰传播、社会生活观念等，进而形成社会凝聚力并规范社会行为，体现文化教育意义。发挥辽东古驿道文化线路的社会价值是遗产当代价值传承的体现，可助力地区城市形象提升与发展。

（5）经济价值

文化遗产能够带来经济效益是国际遗产研究领域的共识。一方面通过辽东古驿道文化线路自身所具备的文化历史价值来体现，另一方面则通过拉动线路沿线区域的经济利益，带动多元产业发展来表现。文化遗产本体的历史、艺术、科技价值往往比较鲜明，而遗产本体作用周边环境所产生的环境价值却是真正把遗产本体与周围环境紧密相连。辽东古驿道遗产参与构筑了其所在城镇的物质空间及重要景观，形成了城镇村落景观和城市意象。文化遗产及其环境价值的重要构成要素包括了独具特色的规划布局、设计造型以及视线通廊组织，均可积极转化为旅游发展中的高质量、强吸引力的景观资源，成为地方发展的独特名片。游憩价值是辽东古驿道文化线路因其自身交通功能属性而具备的优势价值，遗产交通区位可达性、便利性以及开展观赏、游憩活动的价值，为文化线路经济价值的提升提供有力保障。除了物质文化遗产之外，非物质文化遗产作为旅游项目开发，当前也取得了令人瞩目的经济效益，文化旅游经济已成为当今世界旅游业的重要经济增长点。

第三节
辽东古驿道文化遗产多维价值综合评价体系

一、辽东古驿道遗产的评价方法引入

（1）合理性与可行性

从系统科学角度看，辽东古驿道实质上是一个整体系统，具有系统所有最基本的特点，涉及遗产点数量大、类型多，且遗产之间具有相互关联的关系。对于辽东古驿道的构建，应在普查调研驿道沿线遗产资源的基础上突出线路整体重点和特色。古驿道沿线的文化遗产资源繁杂，如何对这些遗产资源进行取舍，如何考虑遗产与驿道不同主题的关系，如何考虑遗产点与线性地理空间关系以及现状情况，如何对驿道沿线遗产资源进行分析决策，都是对辽东古驿道进行整体性保护的关键问题。由于古驿道线性文化遗产具有尺度大、背景环境复杂的特征，所以，简单的定性分析无法解决复杂问题，必须选择一种突破现有文物保护体系价值评估局限性的方法来对这些关键问题进行决策。采用现代综合性方法来构建辽

东古驿道整体性保护廊道，从而为整体性保护提供新的科学方法。

层次分析法是现代决策分析方法中一种相对比较科学有效的方法。对于文化遗产价值的分析评价是一项受多重复杂因素影响的系统工作。而层次分析法的本质是使主观思维条理化、层次化，将经验认识予以量化，进行排序，为分析和决策提供帮助。本书结合辽东古驿道自身的特点，对遗产采用层次分析法与专家咨询相结合的综合评价方法来对遗产要素进行评价，增加评价的可信度，具有合理性与可行性。

（2）遗产综合评价方法

本研究针对辽东古驿道文化遗产价值的复杂性采取了定性与定量相结合的评价方法。层次分析法是由20世纪70年代美国运筹学家T. L. Satty提出的一种解决多目标决策问题的方法，这是一种对定性问题进行定量分析的简便灵活的方法。即"对复杂决策问题分析中，构建层次结构模型，然后利用较少的定量信息，把决策的思维过程数学化，从而为求解多目标、多准则的复杂决策问题，提供一种简便的决策方法"。专家咨询法原理是通过定性分析，定量答复，通过数据计算得到集中答案，具有易操作性。但其准确性也受专家对遗产的熟悉度和学术水平的影响。本书将以上二者结合使用，借助现代综合评价模式，通过建立系统、规范的价值指标系统，借助定性指标的定量化评价方法，可使综合评价的结果更科学、全面和规范，与辽东古代驿道的价值结构特征相符合。在此模式下，通过对辽东古代驿道文化线路遗产价值定性与定量化相结合的评价，力求保证评价的主客观因素平衡合理，得到有针对性的评价分值，进而以分值高低完成价值分级，为保护研究提供有效依据。

二、辽东古驿道遗产的评价实施过程

本节对辽东古驿道遗产的评价实施过程进行介绍，主要分为建立评价指标体系、确定评价指标权重、遗产价值综合评价三个环节展开。

（1）建立评价指标体系

基于科学性、可比性与相对独立性原则，通过对辽东古驿道沿线物质与非物质文化遗产价值构成的认知、遗产价值特点的分析，在对照国内遗产线路相关研究文献以及征询文化遗产保护和规划设计等相关领域专家意见的基础上，结合辽东古驿道遗产的文化线路属性和遗产价值特征，完成价值评价体系的指标筛选和提炼。对影响遗产价值的内部价值因子进行详细梳理，对照评价目标，建立价值评价指标体系，包括本体价值、关联价值与经济价值三大方面，历史价值、科学价值、艺术价值、社会价值、遗产要素价值联系、遗产要素的线路价值贡献、环境价值、使用价值、游憩价值9大价值要素以及9个评价因子。

（2）确定评价指标权重

①指标权重矩阵建立

指标权重是指各层指标因素对上一级指标的影响力与重要性之比。层次分析法中指标权重是通过构造判断矩阵来确认的。判断矩阵的构造是通过比较同一层指标对其隶属的上一层指标的重要性，并赋予一定的分值而得到的。关于两指标重要性比较的赋值，通常参照的是T. L. Satty提出的1~9标度法，具体的赋值如表5-5所示。

判断矩阵标度　　　　　　　　　　　表5-5

标度（a_{ij}）	说明
1	元素i与元素j一样重要
3	元素i比元素j略重要
5	元素i比元素j明显重要
7	元素i比元素j强烈重要
9	元素i比元素j绝对重要
2、4、6、8	以上前后两级之间对应的标度值
倒数	元素j与元素i比较得到的判断值为$a_{ji}=1/a_{ij}$

根据以上的标度法构造完判断矩阵后，可以利用MATLAB软件计算出判断矩阵的最大特征值λ_{max}，以及其所对应的特征向量。特征向量所对应的值，即某一层级元素相对于其隶属的上一层级元素的权重值。但是因为判断矩阵的赋值是人为的，具有一定的主观性，需要通过一致性检验来说明其可靠性。检验方法具体如下：

第一步，计算判断矩阵一致性指标CI，

$$CI = \frac{\lambda_{max} - n}{n - 1}$$

其中，λ_{max}为判断矩阵的最大特征值，n为判断矩阵的阶数。

第二步，计算判断矩阵的一致性比率CR，

$$CR = \frac{CI}{RI}$$

其中，RI是平均随机一致性指标，其是重复多次（500次以上）计算，随机判断矩阵的特征根后，取这些特征根的算数平均数所得。1986年许树柏通过1000次重复计算，得到了1~15阶随机矩阵的平均随机一致性指标，具体值如表5-6所示。

一致性指标参数　　　　　　　表5-6

阶数	1	2	3	4	5	6	7	8
RI	0	0	0.52	0.89	1.12	1.26	1.36	1.41
阶数	9	10	11	12	13	14	15	
RI	1.46	1.49	1.52	1.54	1.56	1.58	1.59	

当一致性比率$CR \leqslant 0.1$时，表示判断矩阵通过一致性检验，否则需要重新对判断矩阵进行适当的修正。

②具体指标权重确立

根据本章前文对辽东古驿道多维价值构成的分析总结，咨询三位建筑学、城乡规划学及遗产保护专家获得指标权重，通过计算一致性检验，最终选取用来评价辽东古驿道价值的指标，并通过构建判断矩阵的方法得到判断矩阵（附录B），利用MATLAB软件计算出各层级指标的权重，具体如表5-7、表5-8所示。

（3）遗产价值的综合评价

在指标体系权重分配后可以对遗产价值进行综合评价，采取专家判断打分的方法兼顾效率性和科学性。发放价值评价表，对指标说明和评分标准进行细化，请研究领域内相关专家评分，获取各基础指标得分，将所有结果加法平均后得到各层指标平均分值（附录C、D）。获得各层级价值得分后，再经过统计进行分级排序，得到辽东古驿道沿线物质遗产与非物质遗产最终综合价值得分。

综上，对辽东古驿道遗产价值综合评价，更好地认识和理解遗产多维度的内涵关联与价值特征，清晰地揭示不同主题类型遗产之间的价值等级，也有助于在未来规划保护和开发利用时，充分发挥这些遗产优势价值以及遗产之间的价值联系。

表5-7

物质文化遗产评价指标体系

目标层	一级价值层	权重	二级价值层	权重	评价内容	权重
辽东古驿道物质文化遗产价值	本体价值A1	0.649118	历史价值B1	0.16228	完整性C1	0.067617
					真实性C2	0.067617
					年代久远度C3	0.013523
					历史重要性C4	0.013523
			科学价值B2	0.16228	选址布局的科学性和合理性C5	0.04057
					工程在解决自然与技术复杂问题方面的特殊性C6	0.04057
					工艺材料的适宜性C7	0.04057
					建造技术的典型性C8	0.04057
			艺术价值B3	0.16228	遗产艺术代表性C9	0.012673
					遗产艺术独特性C10	0.032429
					艺术形式的完整性C11	0.032429
					反映线路文明交流地域特色的程度C12	0.08475
			社会价值B4	0.16228	社会价值观（主流价值思想、风俗习惯）与社会情感C13	0.08475
					对城市形象的影响力C14	0.032429
					社会记忆程度C15	0.032429
					对当前社会教育价值C16	0.012673

续表

目标层	一级价值层	权重	二级价值层	权重	评价内容	权重
辽东古驿道物质文化遗产价值	关联价值A2	0.278955	遗产要素之间的价值联系B5	0.055791	遗产要素之间的价值联系C17	0.011158
					遗产要素与线路历史人物、事件价值联系C18	0.044633
			遗产要素的线路价值贡献B6	0.223164	遗产要素对所在区域支线路的价值贡献C19	0.044633
					遗产要素对整体线路的价值贡献C20	0.178531
			环境价值B7	0.010275	遗产与所处区域自然景观、地理环境的生态功能兼容性C21	0.00734
					遗产环境与城市环境协调性C22	0.001468
					遗产对当前城市环境提升的贡献度C23	0.001468
	经济价值A3	0.071927	使用价值B8	0.010275	保护与再利用价值潜力C24	0.001468
					对遗产所在地方、社区发展的贡献C25	0.001468
					对线路整体经济发展的价值C26	0.00734
			游憩价值B9	0.051377	与交通功能兼容性C27	0.022019
					与游憩功能兼容性C28	0.022019
					遗产的游客吸引力C29	0.00734

表 5-8

非物质文化遗产评价指标体系

目标层	一级价值层	权重	二级价值层	权重	评价内容	权重
辽东古驿道非物质文化遗产价值	本体价值A1	0.649118	历史价值B1	0.16228	完整性C1	0.067617
					真实性C2	0.013523
					历史影响度C3	0.067617
					历史重要性C4	0.013523
			科学价值B2	0.16228	遗产本身科学含量C5	0.04057
					跨学科、跨领域综合特征和知识属性C6	0.04057
					传统工艺和技能水平C7	0.04057
					对社会生产力状况的反映度C8	0.04057
			文化价值B3	0.16228	代表性C9	0.028678
					独特性C10	0.028678
					观赏性C11	0.010751
					稀缺性C12	0.065494
					地域性C13	0.028678
			社会价值B4	0.16228	社会价值观（主流价值思想、风俗习惯）与社会情感C14	0.032456
					对城市形象的影响力C15	0.032456
					社会记忆程度C16	0.032456
					形成线路社会文化景观的程度C17	0.032456
					对当前社会教育价值C18	0.032456

续表

目标层	一级价值层	权重	二级价值层	权重	评价内容	权重
辽东古驿道非物质文化遗产价值	关联价值A2	0.278955	与物质遗产价值联系B5	0.055791	与物质遗产之间的价值联系C19	0.022316
					与线路历史人物、事件价值联系C20	0.033475
			线路整体价值贡献B6	0.223164	对所在区域支线线路的价值贡献C21	0.066949
					对整体线路的价值贡献C22	0.156215
	经济价值A3	0.071927	城市发展价值B7	0.023975	对线路沿线地区整体经济的发展作用C23	0.014385
					遗产对所在城市形象提升的贡献度C24	0.004795
					对遗产所在聚落、社区发展的贡献C25	0.004795
			旅游开发价值B8	0.023975	文化遗产体验的可参与度C26	0.011988
					旅游线路项目的价值贡献C27	0.0119878
			产品开发价值B9	0.023975	旅游产品开发价值潜力C28	0.0119878
					旅游特色品牌推广价值C29	0.0119878

第四节
辽东古驿道文化遗产多维价值综合评价应用

本节选取辽南陆海线驿道为例，进行价值评价模型的应用研究，探索价值评价模型的适用性，为古驿道的遗产价值评价提供模板。

一、辽东古驿道物质文化遗产价值综合评价

本节以辽南海陆线驿道沿线130项省级以上物质文化遗产为基础，经过实地调研验证，结合遗产要素与驿道多维关联性考察，对遗产进行筛选后，选取53项遗产要素样本及15座明清驿城样本，依据价值评价模型和专家打分进行综合价值评价、排序分级，从而为遗产发展规划研究提供有价值的指导和决策基础。

（1）辽东古驿道单体物质文化遗产价值评价

本书根据上述物质文化遗产价值评价模型和专家打分，对辽南陆海线驿道物质文化遗产价值进行排序。根据遗产加权得分情况，将遗产资源分为三个等级，加权得分在8.0~9.3的属于一级遗产点，表示该遗产在辽东古驿道发展过程中是体现线路人类文明特征最有价值的遗产，在辽东古驿道遗产资源中具有重要地位，需要集合各方面资源优先重点保护；加权得分在6.0~7.9的属于二级遗产点，表示该遗产能够反映辽东古驿道在各历史时期的人类文明交流特征，在辽东古驿道研究中具有比较重要的地位；加权得分在4.5~5.9的属于三级遗产点，表示该遗产在辽东古驿道遗产资源中具有一定价值，能够为古驿道的保护提供有价值的信息，如表5-9、表5-10所示。

辽东古驿道物质文化遗产价值评价结果　　　表5-9

城市名称	遗产单体数量	价值评价结果		
		一级	二级	三级
沈阳	10	5	4	1
辽阳	6	2	4	0
鞍山	5	0	5	0
营口	6	0	5	1
大连	23	1	16	6

辽东古驿道物质文化遗产价值综合评价结果　　　表5-10

级别	数量	类型	代表性遗产
一级	9	邮驿功能	沈阳故宫、老铁山灯塔、永安石桥
		文化交流	昭陵、福陵、永陵、东京陵、辽阳白塔
		军政经略	辽阳明长城
二级	36	邮驿功能	金州副都统衙署旧址、牛庄太平桥、挂符桥
		文化交流	辽阳壁画墓群、永丰塔、祖越寺、锡伯族家庙、盖州钟鼓楼、沈阳南清真寺、首山清风寺、银塔、金塔
		军政经略	鸿胪井遗址、大黑山山城、得利寺山城、巍霸山城、高丽城山城、塔山山城、石台子山城、娘娘城山城、岚崮山山城、土城子城址、归服堡遗址、南子弹库、西炮台遗址、俄国领事馆旧址
		经济交往	皇瓦窑遗址、江官屯窑址、山西会馆
三级	8	文化交流	首山清风寺、银塔、金塔
		军政经略	排石烽火台、清柳条边遗址、永宁监城遗址、将军石烽火台、石河烽火台、清末练兵场、清末"兵营遗址"
		经济交往	正隆银行旧址

（2）辽东古驿道城镇价值评价

本书根据上述物质文化遗产价值评价模型和专家打分，对辽南陆海线驿城镇进行价值排序，根据评价结果将辽东古驿道沿线城镇聚落分为四个等级，如表5-11所示。对于已经没有任何遗迹的驿城城镇考虑以数字化信息的方式进行保存与展示。

辽东古驿道城镇综合价值评价结果　　　表5-11

评价级别	置驿城镇
特级城镇	盛京皇城
一级城镇	辽阳古城
二级城镇	盖州古城、鞍山驿堡、复州古城、金州古城、牛庄古镇、海城古城
三级城镇	牧城驿、岳州城、岚崮驿、石河镇、永宁监
无遗存城镇	旅顺驿（旅顺南北城）、五十寨驿

对驿道城镇进行价值评价的目的除了对驿道城镇有一个直观的认识之外，更重要的目的是对于驿道沿线城镇价值综合评价结果进行横向综合比较，以清楚看出各驿城城镇的优势之处以及待提升之处。再翻阅各评分表格，得出在发展中必须重点保护之处、必须重点发展之处、必须加强关注之处等结论。

二、辽东古驿道非物质文化遗产价值综合评价

沈阳、辽阳作为辽东古驿道各方向线路汇集的核心交通枢纽,汇聚了历史上辽东地区各个历史时期人类文明交流成果的精华,具有代表性,因此本节以沈阳、辽阳所拥有的53项省级以上非物质文化遗产为样本,根据上述非物质文化遗产价值评价模型和专家打分,本书得出古驿道物质文化遗产的价值排序,大致分为三个层级,具体内容见表5-12、表5-13。

辽东古驿道非物质文化遗产价值综合评价结果　　表5-12

城市名称	遗产样本数量	价值评价结果		
		一级	二级	三级
沈阳	43	10	15	3
辽阳	10	2	4	1

辽东古驿道城镇综合价值评价结果　　表5-13

评价级别	类别	遗产名称
一级	民间文学	锡伯族民间故事
	传统舞蹈	辽阳地会
	传统戏剧	京剧
	曲艺	新民二人转
	传统美术	初春枝满族剪纸
	传统技艺	老龙口白酒传统酿造技艺、千山白酒酿造技艺、老边饺子传统制作技艺、马家烧麦制作技艺、辽菜传统烹饪技艺、沈阳满族堆绫技艺
	民俗	民间信仰(锡伯族喜利妈妈信俗)
二级	民间文学	沈阳东陵满族民间故事、谭振山民间故事、辽阳王尔烈民间传说
	传统音乐	白清寨传统唢呐、辽宁鼓乐、古琴艺术
	传统舞蹈	锡伯族灯官秧歌、张氏皇苑龙舞龙技艺
	传统戏剧	京剧、沈阳关氏皮影
	曲艺	新民二人转、东北大鼓
	传统体育游艺与杂技	鸳鸯拳
	传统美术	建筑彩绘(传统地仗彩画)、沈阳"面人汤"、刻瓷
	传统技艺	书画装裱修复技艺、沈阳胡魁章制笔工艺
	民俗	满族放路灯习俗、中秋节(朝鲜族秋夕节)、广佑寺庙会
三级	民间文学	沈阳民间传统灯谜
	传统体育游艺与杂技	古典戏法、辽阳逍遥门武功
	传统美术	金石篆刻(齐派)

三、辽东古驿道遗产整体价值评价

辽东古驿道遗产整体价值评价主要分为两个层面进行探讨。其一，辽东古驿道作为文化线路的世界遗产评价标准分析；其二，辽东古驿道文化线路与国内外同类型线路之间关于整体价值的比较分析。

（1）辽东古驿道整体价值分析

由前章对辽东古驿道文化线路属性及构成要素分析可知，其整体价值的评价可参考文化线路作为"遗产线路"申遗的评价标准、类型概念方法。主要分为世界遗产六项价值判定标准对照辽东古驿道文化线路属性适用性分析、辽东古驿道线路的真实性和完整性考察两部分。

①辽东古驿道对照世界遗产六项价值标准适用性分析

参照世界遗产六项价值标准对照辽东古驿道文化线路属性进行了适用性分析，为未来提取辽东古驿道文化线路主题提供有有价值的参考，见表5-14。

②完整性与真实性分析

完整性分析：《实施〈保护世界文化与自然遗产公约〉的操作指南》中，提出世界自然与文化遗产的判定均要满足完整性要求，完整性"是用来衡量自然/文化遗产及其特征的整体性和无缺憾状态的标准。要求满足以下要求：是否包括所有显示突出的普遍价值的必要因素；是否拥有足够的规模以确保完整体现代表遗产价值的特征和过程；是否能够承受来自发展或忽略两方面的不良影响"[126]。以完整性应用于评判遗产的质量水准，对于遗产线路现状的观察包括了遗产价值和文化信息的载体，在结构或留存现状上是否表现得完整无缺，以及体现在保留下来的文化遗产是否能够证明和反映出一段特定历史、传统、技术或美学的完整成就和综合信息，此外，更要对遗产线路完整性以及线路遗产单体相关环境的完整性与协调性予以观察和评判，其是否能够保证足够的发展空间也是重要的考量因素。

从空间上来看，完整性包含了线路结构完整性、线路内包含遗产本体要素完好程度以及与之相关的环境完整程度。首先，辽东驿路四个方向主线结构在地理空间中较为稳定，限定、支撑以及与线路本体密切关联的邮驿遗产要素，如驿城、驿站、驿馆等遗存的位置坐标保存较为固定，共同形成了线路固定的结构长度范围。其次，在稳定的线路结构环境中大量保存较为完好的物质遗产以及非物质遗产聚集区，在结构的宽度上保障、充实了驿路线路的内容，提高了完整程度。从时间来看，辽东驿路不同历史时期环环相扣，形成了完整的时间轴，延续

辽东古驿道对照世界遗产六项价值标准适用性分析 表5-14

评价标准	辽东古驿道文化线路属性对照分析	适用性分析
i 代表人类创造性天才的杰作	辽东古驿道的形成体现了先民于辽东半岛的山川海河自然地理环境中线路选择上的因地制宜的创造性开拓精神。沿线布局严谨的古代驿城、辽东边墙、高句丽山城等大量的物质文化遗产，体现了古代社会先进完备的军事防御智慧与建造技术。遗产通常作为专题遗产进行申遗，与古驿道线路本身的强调文明对话互惠主题价值贡献角度的适用性较弱	本项侧重遗产物质形态体现出人类技术性、艺术性的创造力，强调艺术家及手工艺者最杰出的作品，或指人类某项杰出成就。由于线路沿线的物质遗产要素多元数量庞大，不是所有物质遗产都能达到该项标准。为了达到此项要求，删减不达标准的遗产，又削弱了古驿道线路多时期、多维度的文明交流和跨文化整体价值。因此，一般该项不作为"遗产线路"的申报标准
ii 反映在某一段时期内或世界某一文化区域内，在建筑或技术、纪念性艺术、城镇规划或景观发展方面，重要的人类价值互换	辽东古驿道体系历经千年发展，在历史中促进了东北边疆跨地区跨文化交流的丰富性，这些交互作用和影响包括了显著的人类作用的价值交换，沿线城镇建筑和城市规划，多元宗教信仰和少数民族生活模式，不同民族、种族之间的文明沟通。值得关注的是，辽东驿站体系的设置塑造了辽东地区城镇村落的地理分布、功能格局及景观风貌，并对辽东半岛城镇体系发展和兴衰产生深远影响	侧重人类价值交流在艺术与技术发展阶段方面的物质体现，建筑、技术、纪念性艺术作品、城镇规划或景观等类型均符合标准。文化线路交流内容涉及上述类型，并在地理空间物质遗存体现某个或若干重要阶段发展特征，而这种特征来源于文化线路之上不同文化之间的互动影响，并体现突出普遍价值时，可充分考虑选取该标准作为申遗时整体价值评价的可能性
iii 能为已消逝的文明或文化传统提供独特的或至少是特殊的见证	辽东古驿道反映了我国东北及东北亚各区域人民之间的经济、文化、宗教等交流，如古代文明重要商品贸易的草原丝绸之路（东疆丝路），辽代汉传佛教的东传等	强调遗产对文化传统或文明的见证作用，性质涵盖了已经消失的和延续至今的文化传统或文明。如宗教仪式、生活与生产方式等内容，文明也可理解为某一特定历史时期存在的王朝或国家等类型。该标准是否采用，需要判断线路功能、目的与文化传统之间的关联性，以及穿越的文化地域、时间范围与动态交流的内容
iv 是一类建筑、建筑整体、技术整体及景观的杰出典范，展现人类历史上一个（或几个）重要阶段	辽东古驿道以特定时代特征来看，在明代形成明确古驿城、铺堡台、烽火台等分布体系与辽东边墙一起共同作为经过精心规划布置的半岛海陆空联防军事防御工事系统的技术整体。隋唐时期唐王多次东征的高句丽路线，清代为清帝东巡的祭祖路线，朝鲜、日本多个时代的入贡交流路线等可供筛选	该标准要求通过具体的建筑或技术类型来表达遗产所反映的时代文化特征，物质遗存在反映时代文化特征的形成与变化的典型性是该标准的重要考察要求。在辽东古驿道拥有某种类型和风格主题关联较为密切的条件下，可以考虑使用该标准

续表

评价标准	辽东古驿道文化线路属性对照分析	适用性分析
v是传统人类聚落、土地使用或海洋开发的杰出范例,代表一种(或几种)文化或者人类与环境的相互作用,特别是由于不可逆变化的影响下十分脆弱的情况	辽东驿路沿线特色鲜明的驿城聚落,山城关隘、宗教建筑等土地的利用和驿道线路的选择,反映了在辽东半岛山地、丘陵、滨海、沿河等多种类型复杂的自然地理环境中,人与自然之间挑战与应战的互动关系,反映了东北及东北亚地区多民族文明和文化的生存方式	该标准强调遗产的空间分布、建筑形态或技术手段等方面体现人与自然之间的互动关系,因此需要遗产具有特殊地质地貌等自然环境。标准V的选择对于文化线路的申遗易产生限制,同时关于线路开拓、驿站聚落的复杂自然环境中开发利用的价值体现也值得深入挖掘和研讨
vi与具有突出的普遍意义的事件或生活传统、观点、信仰、艺术作品或文学作品有直接或实质的联系(委员会认为本标准最好与其他标准一起使用)	驿路沿线地区有满、回、锡伯、蒙古、朝鲜、壮等少数民族,民族民间文艺源远流长、丰富多彩,包括各种神话、歌谣、音乐、舞蹈、戏曲、剪纸、绘画、说唱、皮影及各种礼仪、习俗、节庆等。各民族在长期的生产生活实践中创造了大量内容丰富、形式多样、弥足珍贵的非物质文化遗产。如复州皮影戏、复州东北大鼓、金州古琴、金州狮子舞;史志类有金中都路转运使王寂出巡辽东时撰《辽东行部志》《鸭江行部志》等	该标准强调遗存与历史、文化、精神、情感等非物质要素方面的直接联系。不仅要求非物质要素具有"突出普遍价值",还要求遗产与之有直接或物质的关联。文化线路具有大量丰富的非物质文化遗产,但需要在该项标准中证明其突出普遍价值,因此需要合理地筛选线路之上庞杂的遗产,选取最有价值且与文化线路所构成遗产地最直接相关的要素进行重点阐释

了近两千年的时空跨度。邮驿线路在早在秦汉之前就存在部族交往互通,至明代之前主要以陆路驿路的发展为主。明代是陆路与水驿相结合的驿路交通网络最为成熟完善的时期,至清代末期近代邮政的兴起逐渐衰退。从功能来看,功能的完整程度体现了线路活力值,是线路延续生命的根本动力。辽东驿路作为一条完整的多功能交流通道,以政治治理和军事管辖为主要出发点,确定了线路结构,并在此基础上持续地发挥着传递官府信息、军事物资保障等基本功能。因线路的发展,进一步承担并发展出了农业、手工业生产经济发展功能,商业贸易交往功能,以及跨地区文化交流功能。

真实性分析:辽东古驿道遗产的真实性主要是指遗产要素与驿道线路的关联性,主要通过两方面来体现,一是通过考古资料、报告等方面材料进行梳理总结,二是通过能建立其关联性的相关非物质遗存来证明。本研究前章对辽东古驿道建立主题体系分类、系统筛选,在考古文献资料研究的基础上,以动态相关、专题相关和环境相关三方面对遗产资源的关联方式进行考量,为辽东古驿道与自然、人类相互发展的真实性分析提供了科学的依据。

（2）辽东古驿道线路整体价值比较分析

文化线路比较研究是明确申报世界遗产的遗产项目在意义和价值方面的定位，确定与其他类似遗产项目的关系的重要研究方法。文化线路整体比较研究主要分为：同一文化主题线路比较、同一文化区/时间跨度比较、同一形态类型比较研究。我国古代交通系统形态的文化线路资源普遍体现出历史时期承继性、复杂性等特征，古道线路一般都呼应多个文化主题，所以一般根据世界遗产价值标准进行综合探讨，来确定选择哪个主题更适合、更有优势进行申遗。辽东古驿道隶属于我国古代交通体系整体中的重要一环，因此，本书主要通过对比辽东古驿道与国内同一类型的古道文化线路资源在路径形态、年代地域和文化主题等方面的特色进行比较分析来探讨整体价值。根据目前我国文化线路资源统计数据显示，从古代至清末，全国跨国际、洲际类型古道文化路线共有9条，全国性路线6项，国内区域性路线9条，涵盖了陆路、海路、河运全部交通运输类型，见表5-15～表5-17，图5-2所示。

辽东古驿道对照我国国际、洲际文化路线特征分析　　表5-15

名称	地理分布（以古代地域对照当今行政范围）	遗存现状	保护现状	延续时间	线路结构	线路环境
辽东古驿道（东北亚之路）	河北、辽宁、吉林、黑龙江、内蒙古，以及朝鲜半岛、日本、蒙古、俄罗斯沿海地区等	线性分布的驿城、驿站、关隘、交通工程、宗教遗迹等	非文保单位	先秦—清	方向性网状	陆路、河运、海路混合
丝绸之路	河南、陕西、甘肃、青海、新疆，以及中亚、西亚、地中海各国	沿线线性分布城镇遗迹、商贸城市、交通遗迹、宗教遗迹等	世界遗产	西汉—明	方向性网状	陆路
中蒙俄茶叶之路	羊楼洞、汉口、社旗、呼和浩特，以及莫斯科、圣彼得堡	古道、街区、码头遗存	世遗预备名录	明末至民国	线性	水陆混合
茶马古道	云南、四川、贵州、西藏	道路遗存、交通设施遗存	部分国保	唐至今	网状	陆路
中日交流路线（南方路线）	日本、朝鲜半岛，以及我国山东半岛、扬州、宁波	可移动文物，其他不详	非文保	隋至宋	线性	海洋水路
中印交流路线	成都、西昌、腾冲，以及印度或缅甸	博南段遗存	申报国保	汉至清	方向性网状	山岭陆路
吐蕃尼泊尔交流路线	拉萨、喜马拉雅、加德满都，以及印度	大唐使节环	非文保单位	唐至明	尚不清晰	山岭陆路
中韩交流线路	朝鲜半岛，以及我国胶东半岛、扬州、楚州	沿线驿馆、古墓葬等相关物质遗存	非文保单位	隋至宋	线性	海洋水路

表5-16 辽东古驿道对照全国性文化路线特征分析

名称	地理分布（以古代地域对照当今行政范围）	遗存现状	保护现状	延续时间	线路结构	线路环境	官道驿道	民间道路	国家运河	自然江河路	海道	古国间交通	草原通道	使节朝贡	军事防御	政治治理	朝圣	物资供给	贸易往来	宗教信仰	科技知识	文化艺术	民族习俗	人口迁徙	方言语系	商贸文化
辽东古驿道（"辽西走廊"、辽河漕运）	河北、辽宁、吉林、黑龙江、内蒙古	线性分布的驿城、驿站、关隘、交通遗迹、宗教遗迹等	非文保	先秦—清	线性	陆路、河运、海路混合	●				●	●		●	●	●		●	●	●	●	●	●	●	●	●
大运河	北京、扬州、杭州	水利工程遗存、航运工程、运河管理机构、运河聚落等	世界遗产	隋—清	线性	水路、局部陆路			●					●		●		●	●	●	●	●	●	●	●	●
长江水运	长江沿线区域	水利工程、沿江古码头等遗存	非文保	先秦—清	线性	水路				●								●	●		●	●	●	●	●	●
西北走廊	阴山、河套地区	岩画	非文保	先秦	网状	草原陆路							●						●	●		●	●	●	●	
藏彝走廊	甘肃、黎隅、洛隅	考古发掘可移动文物	非文保	13世纪	网状	陆路		●					●										●	●	●	
南岭走廊	云南东部、贵州、湖南、江西、广西、广东、福建	不详	非文保	唐—宋	线性	陆路水路混合		●											●	●				●	●	●

表5-17

辽东古驿道对照区域性文化路线特征分析

名称	地理分布（以古代地域对照当今行政范围）	遗存现状	保护现状	延续时间	线路结构	线路环境	运输系统形态							目标功能						文化主题						
							官道驿道	民间道路	国家运河	自然江河路	海道	古国间交通	草原通道	使节朝贡	军事防御	政治治理	朝圣	物资供给	贸易往来	宗教信仰	科技知识	文化艺术	民族习俗	人口迁徙	方言语系	商贸文化
辽东古驿道	河北、辽宁、吉林、黑龙江、内蒙古	线性分布的驿城、驿站、关隘、交通工程、宗教遗迹等	非文保	先秦—清	线性	陆路、河运、海路混合	●				●	●	●	●	●	●	●	●	●	●	●	●	●	●	●	●
秦直道	内蒙古、甘肃、陕西	秦直道道路遗址、车辙遗迹、建筑等	国保	秦	直线型	陆路	●								●	●								●		
唐蕃古道	陕西西安、途经甘肃、青海、至西藏拉萨	驿站、驿城、古寺庙等	非文保	唐至今	线性	陆路	●					●		●	●				●	●		●	●		●	●
蜀道	陕西、四川、甘肃；关中平原、秦巴山区、成都平原	木栈道、驿站、古码头等路交通工程遗迹及物质遗产	国保	战国至今	方向性网状	水陆混合	●			●					●			●							●	
岭南道	赣江、大庾岭、浈水、北江、广州	梅关驿道完整古驿道、驿城驿站、交通设施等	国保	秦至清	线性	水陆混合	●			●				●					●					●		

续表

名称	地理分布（以古代地域对照当今行政范围）	遗存现状	保护现状	延续时间	线路结构	线路环境	运输系统形态							目标功能							文化主题				
							官道驿道	民间道路	国家运河	自然江河	海道	古国间交通	草原通道	使节朝贡	军事防御	政治治理	朝至	物资供给	贸易往来	宗教信仰	科技知识	文化艺术	民族习俗	人口迁徙	方言语系	商贸文化
仙峡古道	江山、福建浦城县、仙霞山脉	古驿道、古建筑遗址	国保	唐至民国	线性	陆路	●								●				●			●	●	●		
井陉古驿道	井陉县	2000米完整古驿道、古桥、关隘等物质遗存	国保	明清	线性	陆路	●												●							
川盐古道	川、黔、滇、鄂、湘、陕、渝	古盐道、古场镇、古街道、码头、会馆等	国保	战国至近代	网状	水陆混合		●							●				●				●	●		
独松关古驿道	浙江省安吉县双溪口关至余杭区上村	1200余米驿道、关隘、古桥等遗址	国保	宋至清	线性	陆路	●								●				●				●			

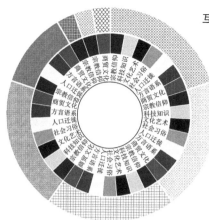

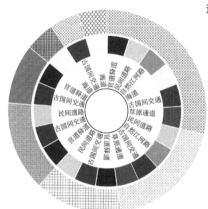

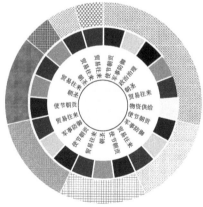

图5-2 辽东古驿道对照国际、洲际文化线路功能分析图

前文通过对辽东古驿道遗产与国内不同尺度各类古代交通类文化线路进行比较，辽东古驿道遗产的整体价值主要体现在以下三个方面：

（1）具有多重的目标与功能

辽东古驿道文化线路具有官道、海陆联运、草原通道、古国间交通等多样混合交通运输系统形态，承担了国家使节交流路线、朝圣、军事关卡、朝贡、漕运、国际商贸等多重目标功能。而其他文化线路在文化主题、交通运输形态和目标功能上多为仅具有其中某一项或个别几项。

（2）具有全面的文化互惠交流主题

通过比较分析可知，辽东古驿道同时包含了国际化、区域性、地方性的多尺度线路功能，具有跨地区文化艺术、宗教信仰、民族习俗、科技知识、商贸文化、人口迁徙、方言语系多种交流互惠的文化主题，在政治较量、军事管理、贸易经济交流、宗教传播和民族文化融合过程中产生了贯穿辽东地区社会发展历程的最全面的文化互动交流。

（3）独特性和典型性

辽东古驿道在自然地理环境协调与军事防御组织协同方面显示出鲜明的独特性和典型性。辽东古驿道与明辽东边墙、清柳条边政策实施共同构成完整的政治军事防御体系。因地制宜建设符合东北地域寒地气候、地理条件的军事关隘、城堡、烽火台，体现出驿道、驿城在选址规划、建筑技术等方面的独特性。同时，辽东古驿道也具有典型性。兴城古城、鞍山驿堡是我国北方明清邮驿系统的完整样本。宁远古城（今兴城古城），是我国目前保存最完整的四座明代古城之一，既是驿城，也是方形卫城。城中"柳城驿馆"（明"宁远驿馆"），被称为"关外第一驿"。而鞍山驿堡则是国内也是省内保存基本完好的明代军事城址之一。此外，辽东古驿道穿越了省内山地丘陵、河谷平原和滨海滩涂等壮丽多姿的地形地貌，独特的地理环境也造就了北方古驿道线路独特的景观环境。

第五节
本章小结

本章在分析辽东古驿道的遗产特征和多维价值构成的基础上，建立辽东古驿道多维综合价值评价体系。在中微观价值评估层面采用专家咨询与层次分析综合评价方法，分别建立物质文化遗产以及非物质文化遗产的价值综合评价体系，以辽南海陆线为对象，进行定量与定性相结合的价值综合评估，对遗产进行了综合评级；在宏观整体价值评估层面，参照世界遗产价值评价标准及国内同类型古道遗产进行横向比较研究，认为辽东古驿道在国际、洲际、全国及区域性各个层面均体现了最全面的多目标功能、多元文明互惠主题以及地域独特性、典型性。

第六章

辽东古驿道整体性保护廊道构建策略

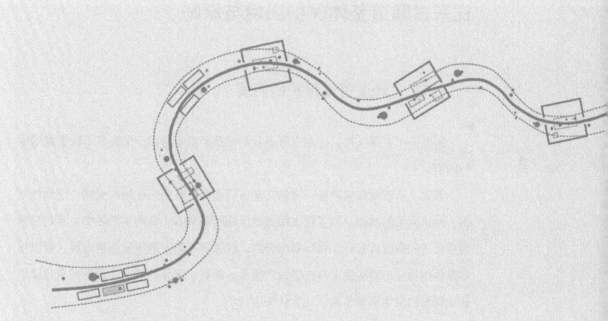

辽东古驿道是拥有特殊文化资源集合的线形网状文化遗产族群，其整体性保护是一个跨地区大尺度多层级的综合管控系统，各层级之间相互嵌套接续和协调才能够充分发挥辽东古驿道遗产的价值，实现有效保护再利用。如何科学保护与合理利用如此复杂的大型跨地区线性文化遗产项目，面临挑战与机遇。

本章旨在综合前章研究结果的基础上，根据辽东古驿道当前保护与发展的实际现状，尝试提出整体性保护目标及原则。从空间格局上，建立国土、区域、城镇聚落、历史地段和遗产本体五大层次的整体保护廊道与利用模式。提出从规划体系、管理平台、法律保障以及公众参与四个方面建立保护机制，以维护保障规划工作的实施过程，最后形成完整的辽东古驿道整体性保护体系。

第一节
辽东古驿道整体保护困境与原则

一、辽东古驿道整体保护的困境

历经千年岁月洗礼，辽东古驿道及沿线遗产要素当前正面临着不同形式的保护困境。

首先，从宏观结构来看，目前辽东古驿道遗产线路存在结构受损、连续性缺失、辨识困难的问题。为了极大限度地压缩时间成本，提高生活效率，满足快速城市化进程需要，省际、城际高速公路、驿道等道路设施建设急速发展，驿道线路整体结构在不同程度上存在建设中覆盖、断裂、迁移的情况，也使得今日辽东驿道线路的整体形象单薄、社会认知度极低。

其次，在微观遗产要素来看，辽东古驿道线路内所包含的大量历史街区，以及如驿馆、驿城、烽火台、关隘等线路物质坐标因历史身份不明确而缺乏统一联系，在土地性质变化、土地开发建设的过程中逐渐破碎化、盆景化，这使得驿路线路的完整性和真实性受到双重严重威胁。由于单体遗产要素在地理空间中的弱相关、离散状态，通常孤立评价价值划入各级文物保护单位或名录。根据土地利用性质和地方性旅游规划要求，遗产点独立开发情况较多，这些传统的保护方式已远远无法体现这些文化遗产作为线路文明交流证明的更为深层的历史联系和身份价值。

最后，缺乏整体的保护机制。辽东古驿道文化线路包含了跨洲际、跨国、跨省等不同空间尺度，其保护工作涉及多地区多行政管理部门，缺乏整体统筹规划，使得辽东古驿道线性文化遗产的整体价值难以有效彰显。驿道沿线驿城城镇的发展与辽东古驿道线路的兴衰息息相关，沿线古城、古镇、村落等聚落作为驿路的交通枢纽曾经十分繁荣发达，如今却因偏离新规划交通枢纽而陷入发展定位的泛化、历史身份的焦虑、经济衰落和发展迟滞的窘境，亟待进行统一的规划指导。

此外，从背景环境来讲，辽东古驿路沿线历经涵盖了辽宁省境内丘陵、平原、山地、海洋、河流等复杂地貌，因此，气候条件、自然环境限制所带来的维护技术水平不均衡以及修建性破坏的情况亦十分棘手。

二、辽东古驿道整体保护的目标

基于上述综合分析，可见辽东古驿道线路各个部分功能汇集成为线路整体功能，它们在同一或不同的历史时期共同历经兴衰变化，无论当今遗产单体发生何种程度的变化（保存完好、部分改变或完全消失），我们都需要根据它们与线路的关联性予以重视，进行整体性保护。由此，本书提出在国土空间规划体系语境下，结合辽东古驿道文化线路的特征和实际发展需求，建立"共识、共保、共治、共享、共赢"的保护目标，以期为辽东古驿道整体性保护规划提供指导。具体内容如下。

（1）共识

即辽东古驿道及其穿越各级区域对辽东古驿道作为文化线路遗产的精神内涵和整体价值形成整体认知，进一步升华为共同的价值认同和文化归属，倡导"人类命运共同体"意识，促进亚洲文明互学互鉴，从而达成为了人类文明智慧之光永续流传而共同保护和传承发展的共识；达成共识的前提基础是在多维空间格局中认知、评估辽东古驿道跨区域线性文化遗产的价值，因此，需要充分认识其作为文化线路的多元属性，为突出其核心价值和发掘当代价值作出不懈的努力。

（2）共保

即对构成地方历史记忆的历史信息及文化意义的具体物质表现和空间载体付诸共同保存、保护的积极实践行动。在传统文保体系的基础上结合辽东古驿道自身特征实现加强多规空间融合和符合其原有功能特征的保护再利用，充分发挥具有历史文化价值的物质文化遗产与非物质文化遗产的使用价值，使之重新获得生命力和活力，确保辽东古驿道整体性保护作为一个完整的和谐关系，并适应跨地区城镇与区域可持续发展的需求。在辽东古驿道的共同文化主题体系下应结合驿道跨越地区各自的实际情况，因地制宜，实现驿道沿线历史城镇聚落、历史地段及遗产聚集区的全面复兴，提出有针对性的保护地带与周边控制地带的城市设计导则。

（3）共治

即建立辽东古驿道整体性保护协同管理机制，运用多元化视角在解读辽东古驿道线性文化遗产的价值、遗产要素特征和遗产遗存现状问题的基础上，通过多地区、多部门之间的沟通协调，充分调动各方面社会资源，统筹遗产资源的保护、利用与开发，制定功能引入、环境整治等问题综合治理策略，切实落到遗产保护及维护管理系统运行的实践中。辽东古驿道线性文化遗产在共识、共保的基础上建立多方协作平台进行共同治理，是实现遗产科学保护和可持续发展的重要保障。

（4）共享

即实现辽东古驿道文化线路遗产资源与城镇公共空间拓展、基础设施改善实际需求结合，在保护并恢复辽东古驿道文化线路遗产要素的空间结构与历史风貌的基础上适度开放，与社会共享，加强公众参与，拓展城镇生活，使其因具有社会、经济、文化功能而再现活力。辽东古驿道文化线路遗产是人类共同的财富，是线路沿线地区民众共享的文化资源，蕴藏于文化遗产中的资源不仅拉近了沿线地区之间距离，也拉近了人与文化遗产之间的距离，共享保护理念将文化遗产更好地融入现代生活。

（5）共赢

即适应时代发展要求，在文化线路遗产主题导向下实现辽东古驿道大型跨地区线性遗产沿线多国家多地区互惠互利、合作共赢，实现遗产保护、城镇生态建设、城镇空间整合和社会经济振兴多方利益共赢，实现沿线文化产业发展与绿色发展、城镇经济社会发展相契合，从而达到文化遗产资源、生态自然资源与社会经济资源共生共赢。

三、辽东古驿道整体保护的原则

（1）遗产主导原则

整体性保护首要遵从遗产主导原则，强调"保护"是遗产利用与发展优先考虑因素。在具体保护实践中，应首先对线路遗产进行全面深入的辨识、系统筛选、综合价值评价，进而以遗产核心价值提升为前提，统筹规划，制定保护策略和机制，有序推进保护发展计划实施，最终实现遗产保护、经济振兴和社会发展并举。

（2）真实性原则

真实性是遗产保护的核心，应保护遗产真实完整的历史特征与信息，因此，真实性原则是国际公认的文化遗产价值评估、保护和监控的基本原则。辽东古驿道文化线路的遗产资源类型复杂多样、信息量巨大，尽可能正确、科学地还原线路原生的多维度历史信息，是保护工作的重中之重，否则虚假的历史信息将会损坏辽东古驿道的结构形态和整体价值。

（3）整体性原则

整体性原则包括两个方面，一是辽东古驿道线性文化遗产是一个整体系统，任何局部遗产点的忽视、破坏都将影响其作为一个线路整体的价值内涵，应在制定保护与再利用策略时进行全面综合性的考虑。二是对于辽东古驿道的整体保护，必须保证遗产本体外观的整体风貌，遗产点、遗产聚集区整体环境风貌的完整性也应得到保护。

（4）灵活性原则

辽东古驿道文化线路内拥有庞杂复合的遗产资源，采取粗放划一的保护方式无法适应大型线性遗产项目保护的实际。在整体性保护工作中，需要根据辽东古驿道所含遗产类型、遗产与线路相关度、遗产价值的水平、遗存程度以及可操作性等方面，优化评价程序和内容，对不同遗产类型灵活性、针对性地采取相应措施，合理有序、重点突出、节省经费和人力资源，实现辽东驿道的高效保护。

（5）开放性原则

辽东古驿道线路整体走向和边界因政权更迭不断摆荡，沿线遗产要素的构成在时空中不断演化沉积，遗产自身的边界因此蕴含了开放性的特征。同时，当前线路内各类遗产资源也因科学研究进步、考古新发现而不断更新，需要在保护方法策略上保留余地，灵活机动地制定执行保护要求。辽东古驿道整体性保护需要不断协调保护对象范围、保护策略，在尊重历史的基础上保持开放性，面向当下，面向未来，吸收新观念、新思想，及时跟上社会经济发展的步伐，以适应不断变化的实际情况需求。

第二节
辽东古驿道整体性保护的层次与空间构成

一、多元文化时空叠合的整体保护层次

辽东古驿道文化线路蕴含的巨大价值和文化线路特性使它具备强大的利用和展示优势，适合开展当前文化旅游活动的特征和经济发展需求。线路内部各自分散的遗产，存在身份焦虑，整体缺乏连通性和系统性。在遗产廊道保护理念下，系统和全面地梳理了因人类交流活动而形成的文明互惠关系。

融合遗产廊道与文化线路两者理念的整体性保护理念，将其运用到辽东古驿道线性文化遗产的保护实践中，将在拓展文化线路内涵的同时，积极调动辽东古驿道的多维价值，有效地划定沿线保护范围，将线路所涉及的文化遗产资源与其他各类环境资源衔接结合。

在以文化价值提升、文化活态传承为核心的保护联合体的目标下，辽东古驿道的保护体系为一套多层级的保护框架。这将促进跨地区历史文脉接续、整合和提炼，也进一步促进辽东古驿道沿线文化遗产的可持续发展。通过辽东古驿道全面科学的保护规划，连接历史、当下与未来，实现遗产保护、旅游发展、经济振兴的多元共赢目标。

基于以上分析，作为连通辽宁全部14个地级市的辽东古驿道整体保护体系的组织，可以划分为国土、区域、沿线城镇、历史地段和遗产单体五个层次，在不同尺度上制定相应的保护策略，形成多元文化时空叠合的保护体系，并采取具体的保护利用模式和方法。

国土层次是辽东古驿道整体性廊道保护的最高层次，范围涉及东北各省与中原内陆地区沿线区域，以及东北亚视野中的跨国境线路沿线周边国家地区，这一层次基于见证人类历史文明交流的宇宙观与世界观，强调保护线路的文化演化、传播、融合、共生历史线索的真实性和完整性，对于整体性保护廊道的环境空间本底来说是重要的精神内核与文化象征。线路分为两个层面，一是辽东古驿道线路作为我国古驿道网络的一环，显示出东北各省与北京市、山东半岛、中原腹地的联系，应归属于全国性交通运输类文化线路保护及管理体系—保护和利用；另一个层面，在全球视野下，我国东北边疆辽东古驿道与环黄渤海朝鲜半岛、韩日东北亚各国建立跨国协同管理平台，加强文化历史联系与新的文化互动互惠，

加强对话交流，共同守护属于人类共同的文化遗产资源。

区域层次是辽东古驿道文化线路整体性廊道保护的二级层次，范围为辽东古驿道四条支线沿线整体区域，强调古驿道体系保护的整体性。区域层次为遗产廊道提供统筹规划，为保护和利用工作的开展提供规划布局；在区域层面上可以综合建构纵向各城镇系统，也便于横向沟通相同的部门管理系统，建立公共合作平台。

城镇层次是辽东古驿道文化线路整体性廊道保护的三级层次，范围为辽东古驿道文化线路全线跨越城镇。城镇层次的工作重点在于与行政区划的结合，以更好地实施具体工作。保护层面可以将城市、镇体系总体规划与我国文物保护体系结合，积极建设申报历史文化名城、名镇、古村落，促进辽东古驿道文化遗产驿城、驿堡获得法定保护地位；强调与城镇内部其他资源的整合利用，并将辽东古驿道文化遗产融入城镇总体规划设计中，因地制宜，综合打造各个驿城城镇独特的特色文化景观。"截至2019年，辽宁省已有沈阳市为唯一的国家级历史文化名城，海城市牛庄镇、绥中县前所镇、东港市孤山镇、新宾满族自治县永陵镇为4个国家历史文化名镇，沈阳市沈北新区石佛寺街道石佛寺村为国家级历史文化名村。"[127]此外，还包括省级历史文化名镇10个，省级历史文化名村7个。辽东古驿道文化线路整体性廊道的建立，会为辽宁省积极推进历史文化名城名镇名村申报认定工作注入新的思路。

历史地段是辽东古驿道遗产廊道保护的四级层次，指辽东古驿道城镇包含规模较大的历史文化街区和遗产较多片区。由于各城市、城镇的遗产聚集区范围和数量不同，因此，从保护的角度出发，划定不同类型保护片区：文化历史街区地段、格局保护片区和风貌保护片区。目前，辽宁省全省现已公布12条历史文化街区，如沈阳盛京皇城历史文化街区、朝阳老城历史文化街区等，这些历史地段是千年古道的重要物质组成部分，其本身与城镇共同构成了重要的历史见证。

遗产单体是辽东古驿道线路中的最小价值点。这些遗产点受线路变迁以及政权范围变革的影响，分为两种情况，一种是遗产点通常位于城镇遗产聚集区域中，另一种是遗产点虽不在历史城镇和历史片区中，但是分布在驿城之间线路周边的区域。这些遗产点的存在本身因其作为辽东古驿道线路证明而具有历史重要性，但是由于过往研究中未能纳入线路市域去进行评价以及历史身份不明确，而未被重视和发现，亟待在古驿道线路整体线索中重新审视予以保护。"截至目前，全省通过开展历史建筑普查，共发现历史建筑潜在对象304处，以市级为单位公布了六批198处（392栋）历史建筑。"[127]辽东古驿道沿线尚存在大量未有历史定位的古建筑，古驿道的整体性保护将极大地推进历史建筑的认定与登录，为遗产保护再利用提供新的契机。

二、多样功能系统整合的廊道空间构成

遗产廊道在保护规划上，强调从整体空间建构入手，保护廊道边界范围内所有的历史文化资源与自然资源，提高休闲娱乐和经济发展的机会，实现多样功能系统的整合。辽东古驿道整体保护廊道的空间构成是有机整体，古驿道遗产与沿线区域整体联系的创造性梳理是核心设计理念，与驿道关联的核心资源则是保护与再利用的焦点；在保护单体遗产环境的同时，驿道沿线体验之旅的感受也十分重要，需要兼顾历史遗产整体保护和游客游览体验的连续性。遗产廊道的构成要素包括：绿道、游步道、遗产点和解说系统。因此，根据辽东古驿道的整体特征，其整体保护规划格局主要考虑绿道规划、解说系统规划、慢行系统规划三项内容，在微观的层次则对于重要遗产点制定指导原则以进行保护与再利用，见图6-1。

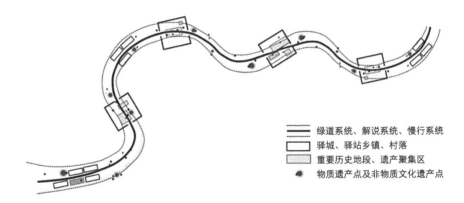

图6-1 辽东古驿道整体性保护廊道结构模型图

第三节
多级国土空间联动的辽东古驿道整体空间格局

辽东古驿道是包含辽西走廊线、辽北平原线、辽东山地线及辽南海陆线四大主线，30多条支线水陆联运的复杂网络系统。驿道线路贯穿今日辽宁全省14个地

级市、100个区县，其中陆路驿道主线全长约15000多公里。辽东古驿道作为拥有特殊文化资源集合的线形网状文化遗产族群，其整体性保护是一个跨地区大尺度多级空间的综合管控系统，各级空间相互嵌套接续和协调才能够充分发挥辽东古驿道遗产的价值，实现有效保护再利用。因此，辽东古驿道遗产资源保护需要与国土空间规划体系相衔接，切实落实各类城市、乡镇基础设施与遗产系统、廊道服务系统相契合的途径，建立多级国土空间联动的整体空间格局。

一、国土视阈线性文化遗产网络建构

国土尺度层面的辽东古驿道遗产保护研究分为两方面，一是辽东古驿道作为文化线路与省内其他类型线性文化遗产资源共同构建遗产廊道网络；二是辽东古驿道作为文化线路的申遗和保护研究。

（1）辽宁地区线性文化遗产廊道网络构建

本书在综合国内外各领域对欧洲文化线路、美国遗产廊道（区域）、历史路径以及我国线性文化遗产等类型遗产研究基础上，通过对地方史志、历史地图和古籍文献研究以及专家咨询，初步梳理出除辽东古驿道文化线路之外存在的辽宁地区线性文化遗产的主要类型：历史水系、辽东长城、中东铁路（辽宁段）和辽东历史专题文化线路。

①历史水系

辽河流域作为辽宁历史发源地，孕育了博大精深的"红山文化""三燕文化""辽文化"等文化，在中国文明史的演进中起到不可替代的助推作用，是反映人类文明历史变迁的重要线性文化遗产资源。辽河河宽水急，自古利于行舟，明清辽河航运事业的开拓不仅极大推动了辽东地区海、河、陆三位一体联运的空前繁荣，更加速了东北及东北亚地区文明发展的进程。官方民间各类物资自山东莱州（今蓬莱）、登州经渤海海运航行后或直接登录旅顺口进陆路官道，或者由牛庄、营口等码头继续辽河内河航运再转运至东北腹地各城镇。沿河诞生了众多商贾重镇，与古码头、商埠等文化遗产共同记载了辽河两岸经济与文化发展的历程，具有重要的保护意义。

②辽东长城

辽东长城从公元前3世纪燕将"秦开却胡"开始，历经秦汉、高句丽、辽金至明代边墙，历代都有修筑。尤以燕秦汉长城和明代长城涉及地域广阔，体系完备而遗迹明确。由于明代辽东镇作为"宁国首疆""京师左臂"，曾是东北亚地缘政治格局视角中华夏核心边疆，因此，明长城作为古代冷兵器时代军事防御工程，在总体规划、选址布局、修筑结构、建造技术等方面均显示出了极高的研究和保护价值。明代辽东古驿道与辽东明长城共同构成了森严的海陆一体防御体系。因此，从这个角度来看，明代辽东古驿道可以作为明代辽东半岛完整的寨堡防御系统来深入研究其重要的历史价值和军事意义。

③中东铁路（辽宁段）

中东铁路是我国东北近代工业遗产的重要组成，是近代东北亚地区日、俄掠夺侵略中国东北领土及东北人民反抗殖民统治的历史见证。作为我国跨区域、大尺度线性工业遗产的典型代表，中东铁路完整体现了我国20世纪早期工业化及时代化进程。中东铁路南满线（辽宁段）沿线留下了鞍钢钢铁厂、本溪湖煤铁厂、旅顺船坞等国家级工业遗产，以沈阳、大连等城市为代表的近代建筑遗产群以及近代铁路工程遗产等，体现了线性文化遗产的地理空间连续性、完整性、历史背景与遗产功能统一等鲜明特征。

④辽东历史专题文化线路

本书认为辽东地区在某一历史时间段内发生的以历史路径及相关遗迹为鲜明特征的重要军事、政治、文化、民俗等历史活动事件，应归为辽东历史专题文化线路进行专项研究。如秦始皇东巡辽海碣石文化线路，曹操北征乌桓军事文化线路，隋唐东征辽东军事文化线路，以《燕行录》为代表的朝鲜、日本朝贡文化线路，清帝东巡祭祖满族文化线路等。这些专题线路从多元视角综合反映了当时的社会生活、生产水平及民族风俗等方面，具有重要的政治历史意义，极具保护价值。

基于以上对辽宁地区线性文化遗产资源的梳理，应进一步结合考古领域研究成果及各领域专家意见建构辽宁地区遗产廊道网络予以整体性保护，如图6-2所示。此外，辽东古驿道作为重要文化线路类型遗产，应与东北地区拥有的各类线性文化遗产资源共同纳入东北亚广阔的地理范围和时空背景中进行探讨，挖掘线性文化遗产资源所承载的人类历史文明交流的记忆与地域文化认同功能，提升其国土尺度层面的文化意义和历史价值。

（2）辽东古驿道文化线路的申遗保护

在东北及东北亚广阔的视角下，从整体保护的层面应进一步认定其国际遗产价值，对照世界文化遗产价值标准，通过深入的探讨和比较研究，凝练其独具特色的文化主题，以申报国际文化线路遗产或者国内文化线路遗产。参考我国文化线路申报世界遗产相关研究价值评估，结合辽宁地方实际的发展需求，进一步推

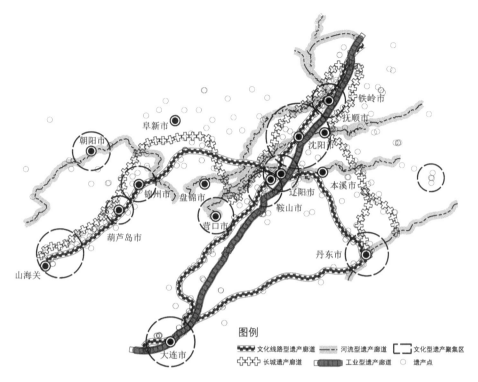

图6-2 辽宁线性文化遗产网络廊道建构概念规划图

动线路的保护、管理和申报策略的制定等。通过申请世界文化遗产的科学评估过程，进行遗产登陆及价值评价的流程，提取辽东古驿道不同主题维度文化线路，纳入国际或国家文化线路名单，为其整体性保护提供更高层次的顶层设计，为后续保护规划建立良好的形象并奠定坚实的基础。

辽东古驿道作为"东北亚之路"，在文化、经济交流方面主题特征尤为突出。在经济交往方面，东北亚商贸文化线路（考古学界称之为"东北亚丝绸之路"或"东疆丝路"）已成为世界文化遗产丝绸之路的重要组成部分。该路线开启于公元前2000年前后部族方国的"朝贡"活动，于明清兴盛并在新中国成立后的新时期展示出了新样态，是东北及东亚地区历史上最重要的国际经济贸易线路。"东北亚丝绸之路不仅经过我国东北辽宁、吉林、黑龙江、内蒙，并且经过包括库页岛在内的远东、蒙古、朝鲜半岛、日本，这段丝绸之路包括陆上丝绸之路、草原丝绸之路、海上丝绸之路。"[128]辽宁境内是这一线路的重要交通枢纽及交通节点。在历代朝廷恩赏与民间贸易的驱动下，各类商品交易、文化交流活动在辽东境内沈阳、辽阳、"丝关"开原等古城持续不断地展开，留下了大量如商号、市集、马店等与运输功能、经济功能相关的文化遗产，见证了东北及东北亚繁荣的经济、文化、科技交流。在文化交流方面，辽东半岛黄渤海沿岸自先秦时期起不断发展的中韩文化交流线路、中日文化交流路线，可作为汉文化东传见证的国际性路线进行深入挖掘，积极申报世界文化线路遗产。

二、区域尺度遗产廊道网络构建

（1）廊道主题建构

主题的确定是辽东古驿道整体性保护廊道建构的重要环节，可以基于古驿道文化线路内涵提炼出一个或者多个解说主题。主题需要充分体现辽东古驿道遗产的核心特征，以及其在解说、游憩等并行支持系统中应用的可行性以及民众理解度、接受度。确定解说主题可以加强辽东古驿道文化线路与遗产沿线地区的整体联系，同时科学地解释系统、廊道背景环境的改善，也将促使人们更好地了解辽东古驿道遗产的历史脉络，获得更好的游览体验。除辽东古驿道核心主题外，可从多角度对文化主题进行细化，如历时发展线索、历史事件线索、遗产分类介绍等。可以说自辽东地区古代社会交通开拓之日起，辽东古驿道之上的重大历史事件和持续不断的人类活动，见证了中国东北地域人类历史文明发展全过程，其解说主题建立可以从以下主题中进行选择，如表6-1所示。一是辽东古驿道修建、使用过程中所发生的重大历史、人物事件，如曹操东征乌桓、唐王东征高句丽、唐代东巡渤海国、朝鲜使臣《燕行录》路线、明清战役、锡伯族西迁、清帝东巡祭祖线路、甲午海战等，都体现出了辽东古驿道修建的整个历史过程以及辽东古驿道文化的演进等。二是以辽东古驿道沿线遗产多元民族交流为主题，展现出文化线路遗产中所蕴含的文明进程与文明沉积层，体现多元民族文化交融所展现出来的特色文化景观。辽东古驿道在其形成、建设和利用的千年历史进程中，不仅线路本身随着时代发生着重大的变化，驿道沿线地区的城镇、乡村亦随之兴衰演替，逐渐形成了满族、蒙古族、回族等少数民族聚集区，这些民族文化通过民族习俗、祭祀、宗教传播等活动，深刻地反映在了当地民居建筑、宗教建筑的风格、色彩、形制等各个方面。三是以辽东军事防御工程为主题，表现出辽东古驿道遗产的军事政治等级化规划以及当时所采用的军事工程技术和军事防御体系发展的水平。辽东古驿道文化遗产为我国与边疆各国文明流动创造了优越的条件。在主题确定后，需要整体规划，对解说系统，可采用不同途径进行信息传达与体验，如建立专题网站、可移动文物和模型的展览、VR沉浸式体验等手段的介入、虚拟或真人解说、游步道沿线标识系统及雕塑小品系统规划设计等。

辽东古驿道遗产廊道文化解说主题[102]　　　　表6-1

类型	解说主题	分布区域
邮驿功能	1 辽东驿道修建历史时序展示	全部线路
	2 辽东驿道线路结构及风貌展示	
	3 辽东驿道管理体系及功能展示	
	4 辽东驿道可移动文物及功能展示	
	5 我国邮驿文化整体历史发展展示	
军政经略	1 箕子东迁线路	辽西走廊线+辽东山地线
	2 燕"秦开却胡"设北方"五郡"	全部线路
	3 秦始皇东巡辽海碣石文化线路	辽西走廊线
	4 战国末燕王喜避强秦走辽东事件	辽西走廊线
	5 曹操北征乌桓线路及建安文学不朽名篇《碣石篇》	辽西走廊线
	6 隋唐帝王东征辽东军事线路	辽南海陆线+辽西走廊线
	7 唐玄宗遣鸿胪卿崔忻至辽东册封大祚荣为渤海郡历史线路	辽南海陆线
	8 明辽东边墙海陆防御体系	辽西走廊线+辽北平原线+辽东山地线
	9 高句丽山城防御体系	辽北平原线+辽东山地线+辽南海陆线
	10 明清交际战争专题线路	以辽西走廊线为主全部线路
	11 甲午海战专题	辽南海陆线+辽西走廊线
	12 清柳条边政策专题	辽西走廊线+辽北平原线+辽东山地线
文化交流	1 清帝东巡祭祖线路	辽西走廊线+辽北平原线
	2 《燕行录》为线索的朝鲜朝贡线路或中韩文化交流线路	辽西走廊线+辽北平原线+辽东山地线
	3 中日文化交流线路	辽西走廊线+辽南海陆线+辽东山地线
	4 锡伯族西迁线路	辽西走廊线+辽北平原线
	5 辽代四时捺钵文化线路	辽西走廊线+辽北平原线
	6 藏传佛教东传之路	全部线路
	7 古代骑射文化及马具东传之路	全部线路
经济交往	1 东北亚丝绸之路	全部线路
	2 辽东马市贸易	全部线路
	3 明朝辽东与朝鲜贸易通道	全部线路
	4 辽河航运贸易通道	辽北平原线+辽南海陆线

（2）区域遗产廊道整体格局建构及实施策略

辽东古驿道遗产以驿城层级系统实现空间一体化，对各类遗产进行整合，确定遗产廊道的边界，进而规划整体格局，建构完整的廊道网络。选择古驿道线路及沿线驿城镇结构较清晰，或者文化主题价值较高的路线，优先进行廊道区域尺度整体格局建构。廊道内容包括绿道、游步道、解说系统等，可结合辽宁省高速和国道、省道等各级别道路以及重要交通节点形成慢行系统，进行有序衔接与合理开发，如图6-3所示。

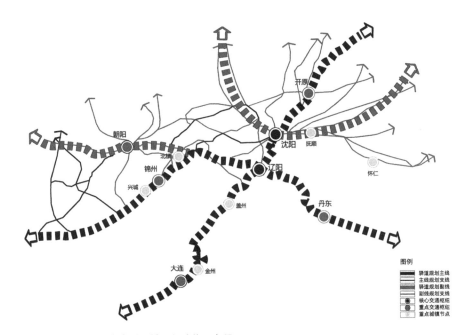

图6-3　辽东古驿道遗产廊道区域层级建构示意图

辽东古驿道遗产廊道网络构建的主要目标是，对承载辽东古驿道各历史时期文明记忆的物质及非物质载体加以保护，并且使辽东古驿道遗产的再利用进行适应时代和社会可持续发展需求的调整，共建和谐辽东古驿道遗产廊道。在区域整体保护上，对辽东古驿道线路及驿站体系的整体空间格局进行重建，传承历史记忆，恢复驿道沿线各类型遗产的历史风貌；在城镇保护层次上，根据驿城城镇的综合评估结果，进行绿色廊道、游步道、解说系统的规划；在遗产聚集区层次上，根据遗产价值评价结果进行保护区域的划分并提出规划指导原则，激活具有人文活力的历史斑块；遗产本体层次上，结合遗产主题体系、关联方式筛选以及价值评价结果，对遗产进行等级划分予以保护。

辽东古驿道遗产廊道的格局按照遗产单体、历史地段、城镇、区域的多尺度整合途径，体现多层次、多尺度的建构思想。不同尺度之间，需要根据综合评价的等级差异化来进行筛选、排序和整合。区域尺度，以辽东古驿道干线为主进行历史遗产廊道骨架建构。把驿道核心干线区段，分为辽西走廊线、辽北平原线、辽南海陆线，辽东山地线四段廊道。建立遗产廊道统一标识，对各段廊道的关键性节点进行多元主题专项标识，并且在现有驿道线路的基础上持续不断地探索潜在游憩线路，补充、扩展新慢行线路。针对各段层级区域，以辽南海陆线段为例，整体的文化线路概念设计和廊道格局也依据层级来构建，如图6-4、图6-5所示。

图6-4　辽南海陆线古驿道整体性保护廊道构建概念规划

图6-5　辽南海陆线古驿道整体性保护廊道保护利用格局

（3）绿道、游憩步道系统、解释说明系统组织

对于辽东古驿道历史遗产廊道来说，廊道内的绿地资源对遗产廊道构建具有重要作用，自然风景环境可以为历史遗产提供支撑，增强游客的游赏意愿。绿道系统的建立为线路结构提供了良好的绿色基底。在绿道系统组织规划中，应注意沿线整体生态环境与生态景观相协调，兼顾生态效益和景观效益。保护东北原生自然生态群落，选用乡土物种，适地适树；结合辽东古驿道遗产对于自然环境的需求，强调绿道系统对廊道遗产的背景烘托；建议移栽、去除线路有安全隐患的树木来保证驿道线路环境的美观和安全。

游憩步道系统的规划方面，主要采取修补重现古驿道，新规划自行车道、游览徒步道等多种形式，来给人提供体验辽东古驿道历史文化内涵的空间。结合廊道不同文化主题，对辽东古驿道的整体或者局部进行体验。在组织游览步道的时候，可以规划针对不同年龄人群、不同目标、不同公里数、不同体验感的路线，提供相应的时间周期路线供游客选择。将重要线路历史文化遗产点与游憩步道相连接，利用现有交通系统结合每段路径具体情况进行步道线路及站点补充。以辽南海陆线驿道为例，分层级来进行交通路线规划，如图6-6所示。

游憩步道系统是体验辽东古驿道线路的最好方式，具体规划上选取驿道主线可到达的各驿城之后，以驿城为中心进行游览线路的规划。在现有驿城、堡城以及驿道沿线的遗产点中，筛选能够反映辽东古驿道文化线路遗产特征的典型遗产点作为游览集散中心，与公共开放空间相连并设置标识，增加各个廊道区域的可达性，方便游客进行参观游览。根据游客可以接受的自行车和徒步活动的体能限度设置游步道，同时考虑各种交通换乘方式的便捷性和连通性。

同时，在游憩步道系统中建立整条辽东古驿道廊道解释说明系统以及分段遗产廊道的解释说明系统。对于已经消失或者改建再利用的驿道，可以重新规划恢复成古驿道线路，设置成供游客以及当地社区居民使用的慢行交通系统等，重走古驿道，体验辽东地区山、海、河壮丽秀美的风景资源以及繁华多彩的都市景观，同时了解辽东古驿道文化线路遗产，古今呼应，感受桑海的变迁。

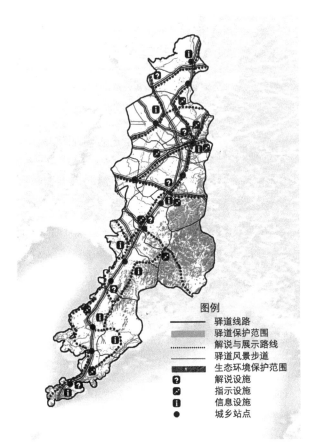

图6-6 辽南海陆线古驿道整体性保护廊道绿道、游憩步道解说系统设计

三、驿道城镇聚落保护格局建构

驿道城镇聚落是古驿道最重要的组成。应结合前章辽东古驿道城镇综合价值评估结果，与历史建置级别、遗产数量、遗存现状等方面综合考虑，针对拥有不同遗产资源特征的城镇进行因地制宜的特色发掘与保护规划。如沈阳市盛京皇城、辽阳古城作为历史悠久的核心交通枢纽，遗产资源丰富，可申请成为辽东古驿道整体性保护廊道的典型城市。金州、盖州、复州、海城古城历史上曾作为重点驿城，可对重点历史遗存点、历史地段进行保护和利用，根据遗存现状各不相同，对其作出相应的定位、规划和管理。辽西兴城古城与辽南鞍山驿堡作为辽东地区保存最为完好的卫所驿堡，可以在做好驿城整体格局与风貌保护的基础上，加强辽东驿道形象的宣传工作，如图6-7、表6-2所示。

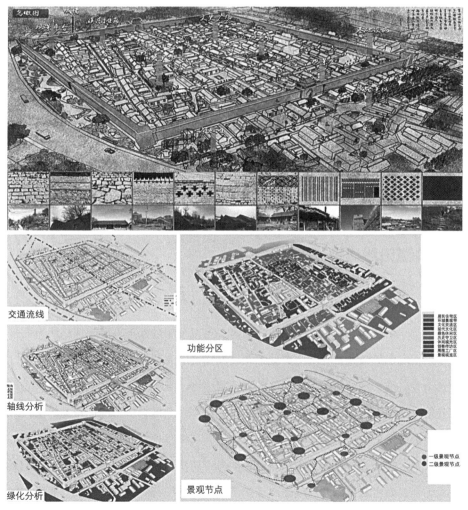

图6-7　鞍山驿堡概念性保护与再利用规划

辽东古驿道整体性保护廊道城镇格局构建　　　　　　表6-2

城市	绿道设计	解说策略	交通组织	重要节点
沈阳市		•辽东驿道遗产廊道整体解说，设立解说地点 •对沈阳盛京皇城历史解说 •对典型遗产价值点解说		•沈阳故宫 •盛京皇城 •罕王宫 •盛京皇城 •候城遗址 •清皇陵
辽阳市		•辽东驿道遗产廊道整体解说，设立解说地点 •对辽阳作为辽东古驿道的核心交通枢纽历史解说 •对典型遗产价值点解说		•辽阳白塔 •广佑寺 •辽阳古城 •东京城 •吴公馆 •文庙
盖州市		•辽东驿道遗产廊道整体解说，设立解说地点 •辽南海陆线遗产廊道整体解说，设立解说地点 •对盖州古城作为辽南海陆线卫城历史解说 •对典型遗产价值点解说		•盖州钟鼓楼 •盖州城墙 •辽南四合院民居 •玄真观 •财神庙
金州市		•辽东驿道遗产廊道整体解说，设立解说地点 •辽南海陆线遗产廊道整体解说，设立解说地点 •对金州古城作为辽南海陆线卫城历史解说 •对典型遗产价值点解说		•金州副都统衙门 •金州步行街 •财神庙

四、驿道沿线城镇历史地段保护

辽东古驿道沿线驿城城镇的历史地段保护涉及了驿城内有价值的历史遗产聚集区以及一个或多个较为完整的历史街区，可以从格局保护与风貌保护两方面来进行。格局保护强调古驿城历史线索和空间格局的完整性，包括驿城空间结构、城镇街巷肌理、城镇轴线、城镇功能节点等内容。风貌保护包括地段街区历史风貌与整体景观风貌控制两方面，包括对环境色彩、地域材料、绿化景观等整体环境背景进行历史风貌控制，对建筑整体造型、风格及外立面等方面提出更新修补设计导则。规划遗产游步道连接城镇中的各个历史地段、遗产点，与解释说明系统相结合，对古驿道以及沿线遗产点的历史文脉进行阐释宣传，可以为驿道城镇历史地段的保护提供很好的保护和展示策略。

辽东古驿道城镇历史地段保护　　　　表6–3

街区名称	级别与定位	绿道与街区组织	保护策略
沈阳盛京皇城历史文化街区	省级 辽东古驿道典型交通枢纽历史街区		●核心保护范围内的文物保护单位实施严格保护 ●加强古城街巷景观风貌保护，打造古驿道、清帝御道等标志性街区景观，建立标识体系，加强历史氛围塑造 ●设置民俗民间艺术展示馆，展示古驿道交通枢纽交汇之处的丰富非物质文化遗产
朝阳老城区历史文化街区	省级 辽东古驿道重点交通枢纽历史街区		●核心保护范围内的文物保护单位实施严格保护 ●对朝阳作为辽东古驿道的辽西走廊线重点交通枢纽的历史进行解说 ●加强古城街巷景观风貌保护，打造大凌河谷千年古驿道标志性街区景观，建立标识体系，加强历史氛围塑造
营口西大街历史文化街区	省级 辽东古驿道海陆联运交通枢纽历史街区		●对核心保护范围内的文物保护单位实施严格保护 ●对营口作为辽东古驿道的海陆联运港口交通枢纽的历史进行解说，加强古驿道历史氛围塑造

五、驿道沿线文化遗产单体保护

辽东古驿道由道路本体、沿线物质以及非物质文化遗产要素共同组成，在单体层次的保护措施，主要结合我国文物保护法规，对驿道涉及的单体文化遗产要素制定保护与管理指导文件，内容包括保护区范围以及保护对策制定等。辽东古驿道遗产的专项评估涉及遗产的多维价值评价等综合方面。在此综合评价的基础上，为遗产单体划定合理的保护范围。由于辽东古驿道四个方向线路拥有物质遗产要素的类型、内涵属性、自然及人工环境和遗存情况差别较大，所以要根据遗产所在线路的特征以及遗产自身特征，在真实性与完整性原则的指导下，兼顾遗产保护与可持续发展，合理划定遗产本体保护范围的核心区和缓冲区。最后，提出可行的保护措施、展示说明与环境规划策略。

在利用方式上，对遗产单体周围环境空间较为开阔的，可建立中国邮驿文化展馆、辽东古驿道发展博物馆，展示真实的邮传制度发展历史，将驿传车模型和驿递雕塑等放置其中，复原驿道线路以及原有邮驿组织构架和驿递流程，供人们游憩和参观；在辽东古驿道沿线具有极强吸引力和特征的、价值较高的遗产单体，可结合古驿城历史文化名镇名村的建设，打造成知名景点，并在驿道必经之路设置特色步行商业街和非物质文化遗产活态展示等，提升古驿道的影响力。同时，对于古驿道上非物质文化遗产分布概况、特色价值、保存现状进行评估，进而采取相应的保护策略。尤其要关注非物质文化遗产所依托的物质空间载体的保护。

此外，要注意的是在人地关系较为紧张的地区，需要结合规划范围内的经济情况、交通发展、人口数量，统筹安排社会需求与遗产保护之间的关系，因地制宜地制定规划导则和要求。

第四节
多目标统筹协同的辽东古驿道整体性保护机制

辽东古驿道遗产的保护与再利用是综合复杂的系统，涉及多方面效益的平衡以及多方利益主体的需求。因此，对驿道本体以及沿线遗产的保护与再利用，不仅需要地理空间规划与设计，也需要完善配套包括政治、经济、法律、社会等方面的一套多目标统筹协同的综合性保护机制。当前驿道沿线物质遗产保护策略的实施，主要涉及规划体系、法律制度、政策、经济、公众参与五个方面的保障。

一、建设多层次遗产保护规划体系

科学的保护规划体系是辽东古驿道遗产廊道构建的基本条件，是沿线区域实现协作保护的重要基础。辽东古驿道是一个庞大的遗产系统，一方面，线路两侧遗产分布及延续的范围大，不仅在我国境内涉及东北三省内的衔接以及与其他省域之间的联接，更跨越了东北边疆周边各国国境；另一方面，辽东古驿道内部包含的遗产类型丰富，数量巨大，遗产地背景环境的自然人文条件存在很大差异。

根据我国当前相关文化遗产保护法规研究可知，随着大型跨地区域性遗产的出现，遗产保护法规体系已逐渐无法满足遗产廊道、文化线路这种类型遗产的保护实施需求。因此，涉及古驿道文化遗产廊道的保护建设规划应是根据其遗产特征和价值层次而相应建设一个多层次、多维度的完整的规划体系。综合考虑我国城市规划的方法，可将规划体系分为五个层次：辽东古驿道国土层面的保护规划；辽东古驿道区域层面的保护与利用总体规划；辽东古驿道历史城镇、村落的保护与利用规划；辽东古驿道历史遗产聚集区的控制性详细规划；辽东古驿道沿线遗产单体的保护和再利用设计。整个保护规划体系的五个层次范围、实施对象以及侧重点都不同，从宏观策略到微观设计，为辽东古驿道整体保护与规划利用提供科学依据。

在"一带一路"国家战略、"全面振兴东北"发展战略、"辽宁省全域旅游"政策引导下，争取建构辽东古驿道文化遗产廊道示范区并纳入国家或东北各省政府的重点规划项目，获得最大程度的政府主导和支持。根据辽东古驿道遗产整体性保护廊道的规模和保护管理的客观需要，建议先行编制古驿道文化遗产廊道示范区构建规划大纲，作为各层次详细建设保护规划制定的指导，在分阶段实施的过程中不断调整、不断改进，对总体保护规划体系进行补充和完善，提供科学性和可操作性。积极征求各级部门、各领域专家意见，在已有文物保护工作基础上，实现辽东古驿道遗产廊道保护建设规划体系与历史文化名城（镇、村）保护、土地利用等相关专项规划的衔接，形成相互协调的规划体系。

二、构建多方协作的管理发展平台

目前辽东古驿道沿线遗产地存在所处地块、地段管辖权分属不同部门的情况，除文物局以外，如城建部门、规划部门、国土局、园林绿化部门、水利工程部门、农林部门、自然风景区等多种管理部门都有承担管理职责的情况。因此，应建立统一的纵向管理体系以及横向多方协作保护管理平台。

首先，应考虑在国家层面设立中国古驿道遗产核心管理机构统一进行管理，直接介入邮驿文化遗产国土空间的保护，统一对潜在古驿道、邮驿遗产进行资源普查、判别登录以及评估，负责全国所有古驿道段落的总体定位以及发展策略。实际上，通过大量研究来看，我国古驿道整体的类型、分布及资源遗存都十分丰富，对于像古驿道沿线跨越省外省内行政边界的区域，建立多学科多部门协作的国家层面古驿道整体性保护平台十分必要。

其次，应结合辽东古驿道文化线路整体特征及典型价值段落和行政管辖归属，设立区域层级管理部门，将段落区域行政区划管理与辽东古驿道的整体、段落景观特征和线路价值特色相对应。这也是这一层级管理机构在整个管理体制中需要解决的难点和重点问题。在此层级上，以政府机构为主导，负责更为具体的组织、协调，同时促成区域内所有辽东古驿道遗产要素保护发展的联动机制。根据辽东古驿道文化线路的遗产特点，统筹管理机制需要兼顾涉及遗产保护利用的各组成部分之间的协调运行，以及均衡线路所连接遗产地之间的发展。

同时，充分利用目前文化旅游市场的灵活机制，采取多种合作模式，吸引、调动多种社会力量来进行古驿道遗产的保护与再利用，实现对古驿道沿线遗产整体保护的宏观调控。如辽东古驿道可以由辽、吉、黑三省政府或各省内沿线城镇政府协商，分别划定权属和责任，联合政府相关部门、社会营利及非营利组织团体成立统一管理平台。将辽东古驿道遗产发展战略和地方经济发展规划，通过市场运作机制吸纳各方面优势资源进行合理配置，发挥不同领域的长处，从而实现以文化发掘带动经济发展、以经济效益反哺文化保护的良性循环，打造东北地区新的经济增长点。最终，实现辽东古驿道大型线性文化遗产统筹而灵活的保护管理方式，形成以国家机构为主导、地方和社会力量共建、多赢的综合机制。

三、完善遗产的法律法规保障体系

有效健全的法律机制是文化遗产保护的重要依据与保障条件。目前，随着国际范围文化遗产保护意识的不断加强，文化遗产管理的法律法规体系也持续深化改进。除各类较强法律约束力的国际公约相继制定外，国际宣言、国际建议与国际计划等软性法律文件对国际文化遗产的保护发展作出了积极贡献。从西方各国立法保护实践来看，基本形成了全国性法律和地方性法规双管齐下的建设，如英国模式是以国家立法主导，地方政府在执行与解释法律条文的同时制定本地区的规划和法律性文件，对国家立法进行补充与细化。法国与日本类似，采用国家与地方立法相结合的方式。在国际文保法律法规各类文件的指导下，关于线性文化遗产保护立法方面，文化线路方面的立法保障体系，除了圣地亚哥朝圣路线在欧盟体系的欧洲文化线路监管和约束之外，各国文化线路遗产要素基本是纳入到已经建立的文保、自然风景区、国家公园等立法保障体系中进行管理。美国国家遗产廊道相关法律保护制度则较为成熟全面，大致分为主干法、专门法和相关法。其中，专门法又分为两类，包括《国家遗产区域政策法》的一般法和为每个通过国会指定的遗产廊道所制定的专门立法，也叫授权法。

在我国国家现行立法层面中，主要围绕文物保护分为主干法、配套法、相关法。《文物保护法》《文物保护工程管理办法》《非物质文化遗产保护法》《中华人民共和国文物保护法实施条例》以及《文物行政处罚程序暂行规定》等属于主干法。然而，对于大型跨区域线性文化遗产、城市的历史文化街区、城市风貌及肌理，国家层面未设立专项主干法，多以《文物保护法》及其配套法《历史文化名城名镇名村保护条例》《长城保护条例》等为法律依据。由此可见，除了文物保护单位以外的遗产保护专门法的建设尚不健全。

辽东古驿道遗产类型多元、复杂性和综合性，既包含遗产本体的保护，也包含遗产线路的保护。亟待构建法律基础和依据以保护线路发展完善，结合统筹管理平台的设立，尽快出台相应的保护法律条例，从根本上保障辽东古驿道文化遗产的保护目标和保护措施的落实。在我国国家层面针对大型线性文化遗产制定综合性的、涵盖类型全面的主干法，并在主干法中结合历史文化名城、历史文化街区和历史建筑的相关保护要求制定配套法规，由文物部门和规划部门共同划分各自的管理范围进行实施。同时，应借鉴国际经验，结合我国国情和地方具体实际，采取国家与地方立法或者具体廊道专门法相结合的保护模式，建立因地制宜的多层次法规体系。

四、强化公众参与机制与良性互动

"保存最好的世界遗产，无不是当地群众精心维护的结果。"[129]联合国教科文组织提出"以人民为基础的保护模式"。若把长期住在保护区的居民全部迁出去，反而会使保护工作更困难。该组织认为最好的办法是动员当地群众把自己的家园管好、保护好。社会化遗产保护管理体制的形成，不仅代表了民众参与保护的热情与自觉性，更重要的是，所有公民融入和参与的政策是增强社会凝聚力、民间社会活力及维护和平的可靠保障。辽东古驿沿线城镇、村落在历史上与古驿道兴衰存在着明显关联，也与当前沿线城镇居民的社区生活存在着真实复杂的关系。在此基础上，从世界文化遗产可持续发展趋势以及我国大力推进政治体制改革的今天，在专业保护机构的率先参与建立保护原则的基础上，积极鼓励建立以公众力量为主体的参与保护管理的体制。遗产地公众应该承担的保护职责与其应该受到尊重的基本权益两个方面，制定保障其和谐共生的规划策略，以期为在中国当前社会经济发展条件下实现遗产保护、城镇与社区发展与地域文化可持续发展的良性循环提供重要的理论支撑和实践指导，也标志着我国社会民主政治和民众参政议政能力和渠道的健全。

为提升社区在执行世界遗产大会决议中的角色，世界遗产理事会于2007年增加了"社区"概念，体现了国际社会越来越重视文化遗产保护与遗产地社区发展之间的密切联系。线性文化遗产所穿越的城镇乡村，是具有千百年历史的"物质空间实体"以及"社会组织单元"，他们的后人，无论是原住民还是在那里生活过一段岁月的迁徙者，共同形成了"社会共同体"，也就是作为人类聚落中最普遍的存在——社区，"聚居在一定空间的人群所组成的社会生活共同体"[130]。事实上，这些社区及其居民曾经是这些文化遗产真正的创造者与维护者，也一直是这些文化遗产的使用者。

从社区视角认可属于社区自己的文化遗产，进行保护并妥善利用，且应该得到政府的积极鼓励。这些与文化遗产相伴相邻的社区居民，应当在文化遗产保护中起到更为积极的作用，积极地参与到文化遗产的保护活动中来。因此，本书最后着重从遗产保护与社区发展良性互动的角度来为中国东北地区驿路文化遗产保护开发利用提供有价值的参考。

（1）提升遗产文化价值，定位社区角色

提升文化遗产价值，保护遗产背景环境，进而保护遗产地周边社区。通过遗产文化价值的梳理，将古驿路沿线各个分散的遗产地社区内在的文化基因联系起来，明确自己的文化身份，从根本上提升社区自身在历史中的重要角色和意义。在社区中加强普及世界遗产保护的理念和知识，树立人人都有保护世界遗产的责任的理念，使他们加深对遗产地的文化传统的认同，自觉成为遗产保护的实践者和宣传者。

（2）建立解说系统促进遗产保护和社区发展

建立古驿路线路解说系统，以整体性主题化的信息艺术设计，对驿路景观要素、结构和历史资源进行精确的解释，鲜明的历史线索将给予社区居民强烈的归属感、自豪感和幸福感。"社区成员的社区意识中非常重要的一点在于分享参与和主人翁意识。"[131]社区应有"主人"意识，改变由管理部门或开发部门单方面进行宣传的现状，意识到自己也是遗产的主人，有责任、有义务对遗产地进行自主、自觉、自发的宣传。这样一方面可以为遗产地的旅游经济发展贡献力量，快速提高地域历史文化的传播力度；另一方面主动的宣传、促销也会有助于向游客及当地民众解释说明遗产资源的内涵和历史文脉，形象、生动地了解过去和现在，促进遗产保护和社区发展。

（3）社区参与遗产规划管理

目前，公众参与遗产规划整体过程已成为在西方旅游规划过程中的重要参考，旅游规划目标包括了与当地现有社会经济整合、保护和更好地利用当地最基本的自然和文化资源等多元目标，摒弃了过去单一的经济利益目标。"社区是遗产地真正的主人，他们应当对旅游规划和实施旅游发展策略拥有发言权。"[132]116 社区参与机制、社区参与决策机构应当在遗产管理部门与当地政府主导下建立起来，使社区居民的意愿成为遗产地经济发展的重要组成。社区意见的参与保证规划工作的人性化，得到社区参与的保护方案将有效避免人地关系的矛盾而顺利实施。社区发展建设与遗产保护、监督和经济发展相结合，可以实现遗产地的振兴发展。

（4）社区参与旅游利益分配

"遗产地社区居民只有在充分认识到自己与遗产保护的紧密关联、共同利益时，才能保持对遗产文化价值保护传承的关注和积极参与。"[131]9在利益的分配方面，主要包括以下四个方面，一是参与遗产旅游的开发、保护，直接获得工资、分红、福利等。二是社区从同遗产旅游结合建立的服务设施、娱乐项目中获利，如为游客提供餐饮、住宿等。三是遗产旅游对社区的反哺，包括对社区基础设施的建设、文化教育设施的建设等。四是社区通过设计制作遗产旅游商品出售给游客获得相应的利益。通过良好的利益分配，将为遗产地社区提供更多的就业机会，避免遗产地原住居民的流失，也为遗产地的保护提供可持续发展的经济支持与动力。

（5）建设步道系统提升社区活力

借鉴绿道、风景道、游憩系统、历史游径、慢行系统等规划理念，对接地区各城镇社区已有线性开放空间资源（水域或陆域）与已制定实施或正在执行的相关区域、城镇发展规划文件，形成徒步、慢跑、骑行、划船、公交系统等一系列静态和动态的休闲娱乐活动。遗产廊道作为拥有特殊文化资源集合的线性景观，通常包括明显的经济中心、蓬勃发展的旅游、老建筑的适应性再利用、娱乐及环境改善。廊道中的历史文化时空线索可以交错，尺度可大可小，并多为中尺度线性区域，最显著的特征是其作为一个综合的保护措施，注重保护与规划的整体性，历史文化资源发掘、自然保护、经济发展三者并举。应对古驿道沿线各历史时期的人文景观、自然景观进行综合分析、梳理，组织建立廊道内的绿地系统，保护东北自然生态资源环境，并保证其对内部文化遗产的衬托和关联性。构建以古驿路为主题线索的游步道系统，链接遗产地社区的公共空间，形成彰显文脉、重塑和谐人地关系的完整的线性开放空间。连通良好的线性开放空间将为社区提供更多的生活基础设施改善机会以及活动空间，也有助于沿线遗产地社区之间多元信息的流动与活力提升。

第五节
本章小结

根据辽东古驿道当前保护与发展的实际现状，提出了"共识、共保、共治、共享、共赢"的整体性保护目标，以及"遗产主导、真实性原则、整体性原则、灵活性原则、开放性原则"保护及再利用原则。从空间格局上，建立国土、区域、城镇聚落、历史地段和遗产本体五大层次的整体保护廊道与利用模式。提出从规划体系、管理平台、法律保障以及公众参与四个方面建立保护机制，以维护保障规划工作的实施过程，最后形成完整的辽东古驿道整体性保护体系。

第七章

结论与展望

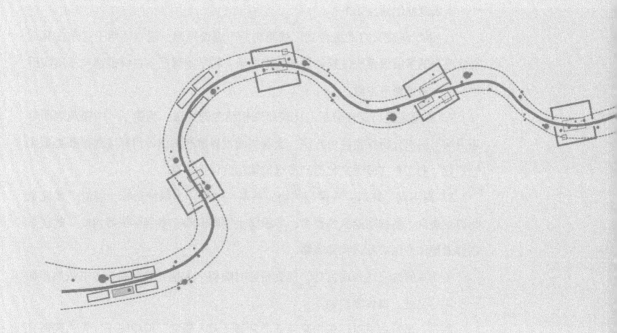

目前辽东古驿道遗产整体线路存在结构受损、连续性缺失、辨识困难等问题，其价值认知和评价尚不完整，保护规划研究工作尚未开展。在此背景下，本书聚焦辽东古驿道文化遗产整体性保护，进行了全面的探索。本书在文化遗产整体性保护相关理论基础上，采用学科交叉的综合方式，通过文献与地图法、实地调研法、比较研究法与综合评价法，尝试提出辽东古驿道大型跨区域线性文化遗产内涵界定、系统筛选、价值评价及保护利用的系统性理论和保护方法。主要的研究结论如下：

（1）针对辽东古驿道复杂巨系统特性提出建立多维度、多层次的整体性保护框架；（2）在文化线路视角下揭示辽东古驿道作为"东北亚之路"具有重要历史地位和重大历史价值；（3）提出整合辽东古驿道文化遗产资源的功能主题描述模型和关联方式；（4）依据辽东古驿道价值特征提出中微观与宏观相结合的多维价值综合评价体系；（5）提出辽东古驿道整体性保护廊道的重要策略及保护机制。

本研究的创新点如下：

1. 以学科交叉方式融合文化线路与遗产廊道思想，建立适用于辽东古驿道文化遗产的多层级系统性整体保护理论框架，科学阐释辽东古驿道遗产多层次历史内涵、多维遗产主题。

2. 采用定量与定性分析、比较研究相结合的方法，构建了"中微观层面专家咨询与层次分析综合评价方法，宏观层面世界遗产价值评价标准对照和类型比较研究"的辽东古驿道文化遗产多维价值综合评价体系。

3. 提出以"共识、共保、共治、共享、共赢"为保护目标，建立"多元文化时空叠合、多样功能系统整合、多级国土空间联动、多目标统筹协同"的辽东古驿道整体性保护廊道构建策略。

虽然本研究已达预期目标，但受研究时限和个人视野的限制，本书依然存在一些未尽之处，具体展望如下：

首先，虽然本书对辽东古驿道遗产开展了深入研究，但受限于辽东古驿道分布地区尺度大、范围广、遗产构成复杂，在实际的操作中，本书尚未能对辽东古驿道的研究延伸至吉林、黑龙江、内蒙古等地。在辽宁省内的辽西走廊线、辽北平原线以及辽东山地线的遗产要素，本书也未能涉及。

其次，本研究是从整体性保护理论的角度来对我国古代驿道遗产廊道构建进行探讨。但是，由于在世界遗产范围内我国邮驿系统都是十分特殊的遗产类型，目前我国国内相同类型的保护规划研究也较少，因此，缺乏对研究内容进行对比论证。从国内来看，我国南北地域无论在自然环境还是人文环境，都差异显著。

从辽东地区来看，辽西走廊线、辽北平原线、辽东山地线以及辽南海陆线也存在相同问题。因此，古驿道无论在国内尺度还是在地区尺度，遗产遗存的特征和内涵也各不相同，需要进行有针对性地深入进行考量以获得更科学的认识。目前，本书是东北地区首个对辽东古驿道进行整体性保护的研究，仅仅是一个理论的雏形，缺乏大量实践验证。在今后，本研究需要将辽东古驿道理论引入实际保护项目中加以应用，根据项目实施情况反馈给研究理论，实现理论研究与实践验证的良性循环，建立真正适用于辽东古驿道文化遗产的保护体系，这是一个不断进化的研究过程。

最后，本研究仅限于辽东古驿道古代遗产系统中的遗产要素并对其进行价值评价研究进而提出构建遗产廊道以实现整体保护。辽东古驿道沿线还遗留有大量的具有价值的遗产，后续与其他类型遗产如何进行整合，还需要进行深入研究和讨论。

中央高校基本科研业务费资助，项目编号：DUT20z D221。

附录A

辽东古驿道物质遗产综合评价权重打分统计表

(1) 准则层对目标层的评价因素比较判断矩阵

物质文化遗产综合价值	A1	A2	A3
本体价值A1	1	3	7
关联价值A2	1/3	1	5
经济价值A3	1/7	1/5	1

(2) 次准则层对准则层价值评价权重判断矩阵

①A1本体价值　准则层权重判断矩阵

A1本体价值	B1	B2	B3	B4
历史价值B1	1	1	1	1
科学价值B2	1	1	1	1
艺术价值B3	1	1	1	1
社会价值B4	1	1	1	1

②A2关联价值　准则层权重判断矩阵

A2关联价值	B5	B6
遗产要素价值联系B5	1	1/4
遗产要素的线路价值贡献B6	4	1

③A3经济价值　准则层权重判断矩阵

A3经济价值	B7	B8	B9
环境价值B7	1	1	1/5
使用价值B8	1	1	1/5
游憩价值B9	5	5	1

(3) 指标层对次准则层的权重判断矩阵

①B1历史价值　次准则层权重判断矩阵

B1历史价值	C1	C2	C3	C4
完整性C1	1	1	5	5
真实性C2	1	1	5	5
年代久远度C3	1/5	1/5	1	1
历史重要性C4	1/5	1/5	1	1

②B2科学价值　次准则层权重判断矩阵

B2科学价值	C5	C6	C7	C8
选址布局的科学性和合理性C5	1	1	1	1
工程在解决自然与技术复杂问题方面的特殊性C6	1	1	1	1
工艺材料的适宜性C7	1	1	1	1
建造技术的典型性C8	1	1	1	1

③B3艺术价值　次准则层权重判断矩阵

B3艺术价值	C9	C10	C11	C12
遗产艺术代表性C9	1	1/3	1/3	1/5
遗产艺术独特性C10	3	1	1	1/3
艺术形式的完整性C11	3	1	1	1/3
反映线路文明交流地域特色的程度C12	5	3	3	1

④B4社会价值　次准则层权重判断矩阵

B4社会价值	C13	C14	C15	C16
社会价值观（主流价值思想、风俗习惯）与社会情感C13	1	3	3	5
对城市形象的影响力C14	1/3	1	1	3
社会记忆程度C15	1/3	1	1	3
对当前社会教育价值C16	1/5	1/3	1/3	1

⑤B5遗产要素价值联系　次准则层权重判断矩阵

B5遗产要素价值联系	C17	C18
遗产要素之间的价值联系C17	1	1/4
遗产要素与线路历史人物、事件价值联系C18	4	1

⑥B6遗产要素的线路价值贡献　次准则层权重判断矩阵

B6遗产要素的线路价值贡献	C19	C20
遗产要素对所在区域支线线路的价值贡献C19	1	1/4
遗产要素对整体线路的价值贡献C20	4	1

⑦B7环境价值　次准则层权重判断矩阵

B7环境价值	C21	C22	C23
遗产与所处区域自然景观、地理环境的生态功能兼容性C21	1	5	5
遗产环境与城市自然及人工环境等协调性C22	1/5	1	1
遗产对当前城市环境提升的贡献度C23	1/5	1	1

⑧B8使用价值　次准则层权重判断矩阵

B8使用价值	C24	C25	C26
保护与再利用价值潜力C24	1	1	1/5
对遗产所在地方、社区发展的贡献C25	1	1	1/5
对线路整体经济发展的价值C26	5	5	1

⑨B9游憩价值　次准则层权重判断矩阵

B9游憩价值	C27	C28	C29
与交通功能兼容性C27	1	1	3
与游憩功能兼容性C28	1	1	3
遗产的游客吸引力C29	1/3	1/3	1

附录B

辽东古驿道非物质遗产综合评价权重打分统计表

（1）准则层对目标层的权重判断矩阵

非物质文化遗产综合价值	A1	A2	A3
本体价值A1	1	3	7
关联价值A2	1/3	1	5
经济价值A3	1/7	1/5	1

（2）次准则层对准则层的权重判断矩阵

①A1本体价值　准则层权重判断矩阵

A1本体价值	B1	B2	B3	B4
历史价值B1	1	1	1	1
科学价值B2	1	1	1	1
文化价值B3	1	1	1	1
社会价值B4	1	1	1	1

②A2关联价值　准则层权重判断矩阵

A2关联价值	B5	B6
与物质遗产价值联系B5	1	1/4
线路价值贡献B6	4	1

③A3经济价值　准则层权重判断矩阵

A3经济价值	B7	B8	B9
城市发展价值B7	1	1	1
旅游开发价值B8	1	1	1
产品开发价值B9	1	1	1

（3）指标层对次准则层的权重判断矩阵

①B1历史价值　次准则层权重判断矩阵

B1历史价值	C1	C2	C3	C4
完整性C1	1	1	5	5
真实性C2	1	1	5	5
历史影响度C3	1/5	1/5	1	1
历史重要性C4				1

②B2科学价值　次准则层权重判断矩阵

B2科学价值	C5	C6	C7	C8
遗产本身科学含量C5	1	5	1	5
跨学科、跨领域综合特征和知识属性C6	1/5	1	1/5	1
传统工艺和技能水平C7	1	5	1	5
对社会生产力状况的反映度C8	1/5	1	1/5	1

③B3艺术价值　次准则层权重判断矩阵

B3艺术价值	C9	C10	C11	C12	C13
遗产艺术代表性C9	1	1	3	1/3	1
遗产艺术独特性C10	1	1	3	1/3	1
遗产艺术的观赏性C11	1/3	1/3	1	1/5	1/3
遗产艺术的稀缺性C12	1	3	5	1	3
遗产艺术的地域性C13	1	1	3	1/3	1

④B4社会价值　次准则层权重判断矩阵

B4社会价值	C14	C15	C16	C17	C18
社会价值观（主流价值思想、风俗习惯）与社会情感C14	1	1	1	1	1
对城市形象的影响力C15	1	1	1	1	1
社会记忆程度C16	1	1	1	1	1
形成线路社会文化景观的程度C17	1	1	1	1	1
对当前社会教育价值C18	1	1	1	1	1

⑤B5与物质遗产价值联系　次准则层权重判断矩阵

B5与物质遗产价值联系	C19	C20
与物质遗产之间的价值联系C19	1	1/3
与线路历史人物、事件价值联系C20	3	1

⑥B6线路整体价值贡献　次准则层权重判断矩阵

B6 线路整体价值贡献	C21	C22
对所在区域支线线路的价值贡献C21	1	1/4
对整体线路的价值贡献C22	4	1

⑦B7城市发展价值　次准则层权重判断矩阵

B7 城市发展价值	C23	C24	C25
对线路沿线地区整体经济发展的作用C23	1	3	3
遗产对所在城市形象提升的贡献度C24	1/3	1	1
对遗产所在聚落、社区发展的贡献C25	1/3	1	1

⑧B8旅游开发价值 次准则层权重判断矩阵

B8 旅游开发价值	C26	C27
文化遗产体验的可参与度C26	1	1
旅游线路项目的价值贡献C27	1	1

⑨B9产品开发价值 次准则层权重判断矩阵

B9 产品开发价值	C28	C29
旅游产品开发价值潜力C28	1	1
旅游特色品牌推广价值C29	1	1

附录C

辽东古驿道物质文化遗产综合打分评价表

专家职称：　　　　研究领域：

<table>
<tr><td colspan="7">辽东古驿道物质文化遗产综合价值评价打分表</td></tr>
<tr><td rowspan="2">一级价值层</td><td rowspan="2">二级价值层</td><td rowspan="2">评价内容</td><td colspan="3">评价分级及标准</td><td rowspan="2">评分</td></tr>
<tr><td>一级（10~7分）</td><td>二级（7~3分）</td><td>三级（3~0分）</td></tr>
<tr><td rowspan="9">本体价值A1</td><td rowspan="4">历史价值B1</td><td>完整性C1</td><td>重要历史信息保存70%及以上</td><td>重要历史信息保存30%~70%</td><td>重要历史信息保存少于30%</td><td></td></tr>
<tr><td>真实性C2</td><td>遗产环境保护较好，基本保持原貌</td><td>遗产环境保护一般，部分维持原貌</td><td>遗产环境破坏，改变，完全脱离原貌</td><td></td></tr>
<tr><td>年代久远度C3</td><td>始建及重修的年代先秦至隋唐时期</td><td>始建及重修的年代为辽金元时期</td><td>始建及重修的年代明清时期</td><td></td></tr>
<tr><td>历史重要性C4</td><td>国际级、国家级文物保护单位</td><td>省级、市级文物保护单位</td><td>县级文物保护单位</td><td></td></tr>
<tr><td rowspan="4">科学价值B2</td><td>选址布局的科学性和合理性C5</td><td>遗产的选址布局具有较高科学性</td><td>遗产的选址布局具有一定科学性</td><td>遗产的选址布局具有较低科学性</td><td></td></tr>
<tr><td>工程在解决自然与技术复杂问题方面的特殊性C6</td><td>针对自然环境条件差异采用了特殊技术方法</td><td>针对自然环境条件差异采用了一定的技术方法</td><td>工程技术方法未体现特殊性</td><td></td></tr>
<tr><td>工艺材料的适宜性C7</td><td>工艺材料的采用具有较高地域适应性</td><td>工艺材料的地域适宜应性一般</td><td>工艺材料的地域适应性较弱</td><td></td></tr>
<tr><td>建造技术的典型性C8</td><td>遗产具有5处以上典型的建造技术，非常突出</td><td>遗产具有3~5处典型的建造技术</td><td>遗产具有1处以上典型的建造技术</td><td></td></tr>
<tr><td>艺术价值B3</td><td>遗产艺术代表性C9</td><td>遗产的风格、形态、细部等艺术特征，具有较强代表性</td><td>遗产的风格、形态、细部等艺术特征，具有一定代表性</td><td>遗产艺术特征的代表性较弱</td><td></td></tr>
</table>

续表

辽东古驿道物质文化遗产综合价值评价打分表

一级价值层	二级价值层	评价内容	评价分级及标准			评分
			一级(10~7分)	二级(7~3分)	三级(3~0分)	
本体价值A1	艺术价值B3	遗产艺术独特性C10	遗产的类型、形制较同时期其他地区遗产,具有较强艺术独特性	遗产的类型、形制较同时期其他地区遗产,具有的艺术独特性一般	较同时期其他地区遗产的艺术独特性较弱	
		艺术形式的完整性C11	遗产的色彩、线条、艺术形式信息具有较高完整性	遗产的色彩、线条、艺术形式信息保存情况一般	遗产的色彩、线条、艺术形式信息缺失严重	
		反映线路文明交流地域特色的程度C12	遗产的地域形式特征明显、辨识度极强,反映古代文明交流,具有较高的艺术价值	遗产具有一定的地域形式特征,反映古代文明交流,具有一定辨识度	遗产反映地域特色不显著,反映古代文明交流的艺术价值不明显	
	社会价值B4	社会价值观(主流价值思想、风俗习惯)与社会情感C13	民众对遗产的认同感和归属感非常明显,深刻影响了社会价值观,社会情感很强烈	民众对遗产的认同感和归属感一般,社会价值观影响中等,社会情感程度一般	民众对遗产的认同感和归属感较弱,社会价值观影响较低,社会情感程度较低	
		对城市形象的影响力C14	对城市形象影响较大	对城市形象影响一般	对城市形象影响较低	
		社会记忆程度C15	古驿道沿线地域范围的社会记忆深刻	古驿道沿线地域范围的社会记忆一般	古驿道沿线地域范围没有社会记忆	
		对当前社会教育价值C16	遗产对当前社会教育价值较高	遗产对当前社会教育价值一般	遗产对当前社会教育价值较弱	
关联价值A2	遗产要素价值联系B5	遗产要素之间的价值联系C17	本类型遗产与其他类型遗产具有较高的价值联系	本类型遗产与其他类型遗产的价值联系一般	本类型遗产与其他类型的遗产价值联系较弱	
		遗产要素与线路历史人物、事件价值联系C18	遗产要素与线路历史人物、事件价值联系较强	遗产要素与线路历史人物、事件价值联系一般	遗产要素与线路历史人物、事件价值联系较弱	
	遗产要素的线路价值贡献B6	遗产要素对所在区域支线线路的价值贡献C19	遗产要素对所在区域支线线路的价值贡献较高	遗产要素对所在区域支线线路的价值贡献一般	遗产要素对所在区域支线线路的价值贡献较弱	
		遗产要素对整体线路的价值贡献C20	遗产要素对整体线路的价值贡献较强	遗产要素对整体线路的价值贡献一般	遗产要素对整体线路的价值贡献较弱	

续表

辽东古驿道物质文化遗产综合价值评价打分表					
一级价值层	二级价值层	评价内容	评价分级及标准			评分
			一级（10~7分）	二级（7~3分）	三级（3~0分）	
经济价值A3	环境价值B7	遗产与所处区域自然景观、地理环境的生态功能兼容性C21	遗产与所处区域自然景观、地理环境的生态功能兼容性较强	生态功能兼容性一般	生态功能兼容性较弱	
		遗产环境与城市环境协调性C22	遗产环境与城市环境协调性较好	遗产环境与城市环境协调性一般	遗产环境与城市环境协调性较差	
		遗产对当前城市环境提升的贡献度C23	遗产对当前城市环境提升的贡献度较高	遗产对当前城市环境提升的贡献度一般	遗产对当前城市环境提升的贡献度较弱	
	使用价值B8	保护与再利用价值潜力C24	具有较高的保护与再利用价值潜力	保护与再利用价值潜力一般	保护与再利用价值潜力不明显	
		对遗产所在地方、社区发展的贡献C25	对遗产所在地方、社区发展的贡献较大	对遗产所在地方、社区发展的贡献一般	对遗产所在地方、社区发展的贡献不明显	
		对线路整体经济发展的价值C26	对线路沿线区域整体经济发展具有极大价值	对线路沿线区域整体经济发展的价值一般	对线路沿线区域整体经济发展的价值不明显	
	游憩价值B9	与交通功能兼容性C27	与目前建成环境交通基础设施的兼容性较高	与目前建成环境交通基础设施的兼容性一般	与目前建成环境交通基础设施的兼容性较弱	
		与游憩功能兼容性C28	与人们游憩功能需求的兼容性较高	与人们游憩功能需求的兼容性一般	与人们游憩功能需求的兼容性较差	
		遗产的游客吸引力C29	遗产对游客的吸引力较高	遗产对游客的吸引力一般	遗产对游客的吸引力较弱	

附录 D

辽东古驿道非物质文化遗产综合打分评价表

专家职称：　　　　研究领域：

非物质文化遗产价值综合评价打分表					
一级价值层	二级价值层	评价内容	评价分级及标准			评分
^	^	^	一级（10~7分）	二级（7~3分）	三级（3~0分）	^
本体价值A1	历史价值B1	完整性C1	包含重要历史信息70%及以上	重要历史信息保存30%~70%	重要历史信息保存少于30%	
		真实性C2	保护较好，在技艺、流程等方面保持原貌	部分维持原貌	失传，改变，完全脱离原貌	
		历史影响度C3	发源地，历史流传影响深远，传播空间范围广	重要发展地，历史流传影响一般，传播空间范围一般	重要发展地，历史流传影响一般，传播空间范围一般	
		历史重要性C4	国际级、国家级文物保护单位	省级、市级文物保护单位	县级文物保护单位	
	科学价值B2	遗产本身科学含量C5	遗产本身科学含量较高	遗产本身科学含量一般	遗产本身科学含量较低	
		跨学科、跨领域综合特征和知识属性C6	跨学科、跨领域知识综合性较强	跨学科、跨领域知识综合性一般	跨学科、跨领域知识综合性较弱	
		传统工艺和技能水平C7	出色地运用传统工艺和技能，体现出高超的水平	体现出传统工艺和技能等方面一定的水平	传统工艺和技能等方面水平体现得不明显	
		对社会生产力状况的反映度C8	高度地反映出当时历史社会生产力状况	一定程度地反映出当时历史社会生产力状况	对当时历史社会生产力状况的反映不明显	
	文化价值B3	代表性C9	古驿道最具代表性的文化形式	一定代表性的文化形式	文化形式代表性较弱	
		独特性C10	具有很高的见证线路民族文化传统的独特价值	具有一定的见证线路民族文化传统的独特价值	不具有见证线路民族文化传统的独特价值	

续表

一级价值层	二级价值层	评价内容	评价分级及标准			评分
			一级（10~7分）	二级（7~3分）	三级（3~0分）	
本体价值A1	文化价值B3	观赏性C11	遗产活态展示具有较强的观赏性	遗产活态展示具有一定的观赏性	遗产活态展示的观赏性较弱	
		稀缺性C12	在世界范围内具有稀缺性	在国家范围内具有稀缺性	在省域范围内具有稀缺性	
		地域性C13	反映当地文化传统，具有鲜明地域特色	反映当地文化传统，具有一定地域特色	遗产反映地域特色不显著	
	社会价值B4	社会价值观（主流价值思想、风俗习惯）与社会情感C14	民众对遗产的认同感和归属感非常明显，深刻影响了社会价值观，社会情感很强烈	民众对遗产的认同感和归属感一般，社会价值观影响中等，社会情感程度一般	民众对遗产的认同感和归属感较弱，社会价值观影响较低，社会情感程度较低	
		对城市形象的影响力C15	对城市形象影响较大	对城市形象影响一般	对城市形象影响较小	
		社会记忆程度C16	古驿道沿线地域范围的社会记忆深刻	古驿道沿线地域范围的社会记忆一般	古驿道沿线地域范围没有社会记忆	
		形成线路社会文化景观的程度C17	对形成线路社会文化景观的具有较大影响	对形成线路社会文化景观的具有一定影响	对形成线路社会文化景观的影响较小	
		对当前社会教育价值C18	遗产对当前社会教育具有很高的价值	遗产对当前社会教育的价值一般	遗产对当前社会教育的价值较低	
关联价值A2	与物质遗产价值联系B5	与物质遗产之间的价值联系C19	与物质文化遗产具有较高的价值联系	与物质文化遗产具有一定的价值联系	与物质文化遗产的价值联系较低	
		与线路历史人物、事件价值联系C20	与线路历史人物、事件价值联系较强	与线路历史人物、事件价值联系一般	与线路历史人物、事件价值联系较弱	
	线路整体价值贡献B6	对所在区域支线线路的价值贡献C21	遗产要素对所在区域支线线路的价值贡献较高	遗产要素对所在区域支线线路的价值贡献一般	遗产要素对所在区域支线线路的价值贡献较低	
		对整体线路的价值贡献C22	遗产要素对整体线路的价值贡献较强	遗产要素对整体线路的价值贡献一般	遗产要素对整体线路的价值贡献较弱	
经济价值A3	城市发展价值B7	对线路沿线地区整体经济发展的作用C23	对线路沿线区域整体经济发展具有极大价值	对线路沿线区域整体经济发展价值一般	对线路沿线区域整体经济发展的价值不明显	
		遗产对所在城市形象提升的贡献度C24	对所在城市形象提升具有较大价值	对所在城市形象提升具有一定价值	对所在城市形象提升影响较小	

续表

非物质文化遗产价值综合评价打分表					
一级价值层	二级价值层	评价内容	评价分级及标准			评分
			一级（10~7分）	二级（7~3分）	三级（3~0分）	
经济价值A3	城市发展价值B7	对遗产所在聚落、社区发展的贡献C25	对遗产所在聚落、社区发展的价值较高	对遗产所在聚落、社区发展的价值一般	对遗产所在聚落、社区发展的价值不明显	
	旅游开发价值B8	文化遗产体验的可参与度C26	文化遗产体验的可参与度较高	文化遗产体验的可参与度一般	文化遗产体验的可参与度较低	
		旅游线路项目的价值贡献C27	对旅游线路项目具有很高价值	对旅游线路项目具有一定价值	对旅游线路项目的价值不明显	
	产品开发价值B9	旅游产品开发价值潜力C28	具有很高的旅游产品开发价值潜力	具有一定的旅游产品开发价值潜力	旅游产品开发的价值潜力不明显	
		旅游特色品牌推广价值C29	具有很高的旅游特色品牌推广价值	具有一定的旅游特色品牌推广价值	旅游特色品牌推广的价值不明显	

参考文献

[1] 单霁翔. 从"文物保护"走向"文化遗产保护"[M]. 天津: 天津大学出版社, 2008.

[2] 许嵩龄. 第三国策: 论中国文化自然遗产的保护[M]. 北京: 科学出版社, 2005: 33.

[3] 党的十八届中央委员会向中国共产党第十九次全国代表大会的报告[S]. 北京: 国务院, 2017.

[4] 辽宁省人民政府发展研究中心课题组, 毛泽, 朱军, 卜鹏楼. 新一轮东北老工业基地振兴政策下辽宁转型升级研究(上)[J]. 辽宁经济, 2015(10): 10-16.

[5] 中共中央国务院关于全面振兴东北地区等老工业基地的若干意见[S]. 北京: 国务院, 2016.

[6] CIIC.Considerations and Recommendation[EB/OL].(2002-12-21)[2019-07-04]. http://internstional. icomos. org/madrid2002/Recommendations.

[7] CIIC. Pamplona Conclusions [EB/OL].(2001-06-18)[2019-07-04].http://internstional. Icomos .org / pamplona2001/conclutions.

[8] ICOMOS. ICOMOS Charter on Cultural Routes[R].Quebec: ICOMOS 16' General, 2008.

[9] Louis C.W.NG. Conservation and Management of Ceramic Archaeological Sites Along the Maritime Silk Road.[A]. Proceeding of ICOMOS ISTH General Assembly and Scientific Symposium[C]. World Publishing Corporation, 2005: 991-998.

[10] Alberto Martorell. Cultural routes: Tangible and Intagible Dimensions of Cultural Heritage[C]. 14TH ICOMOS General Assembly and International Symposium: 'Place, memory, meaning: preserving intangible values in xnonurnents and sites', 2003.

[11] Assi Eman. The Dynamic of Linear Setting: Hijaz Railroad[A]. Proceeding of ICOMOS General Assembly and Scientific Symposium[C]. World Publishing Corporation, 2005: 839- 843 .

[12] Kunie Sugio. A Consideration on the definition of the setting and management[A]. Proceeding of ICOMOS15TH General Assembly and Scientific Symposium[C]. World Publishing Corporation, 2005: 963-96.

[13] Jing Feng. LINESCO'S Efforts in identifying the World Heritage Significance of the Silk Road[A]. Proceeding of ICOMOS 15TH General Assembly and Scientific Symposium[C]. World Publishing Corporation, 2005.

[14] Sutthitham Thada. Land-use and Change in Khmer Settlements: Cultural Environment and the "Salt Road". Proceeding of ICOMOS 15TH General Assembly and Scientific Symposium[C]. World Publishing Corporation, 2005.

[15] Guy Masson. Cultural Route and the Heritage Management Challenge: the Klondlike Gold Rush: A Case Study [A]. Proceeding of ICOMOS 15TH General Assembly and Scientific Symposium[C]. World Publishing Corporation, 2005.

[16] 关于文化线路遗产保护的无锡倡议[A]．中国文化遗产保护无锡论坛——文化线路遗产的科学保护论文集[C]．江苏：凤凰出版社，2009：1-2．

[17] 国家文物局．世界遗产与可持续发展[M]．北京：文物出版社，2012．

[18] 李伟，俞孔坚．世界文化遗产保护的新动向——文化线路[J]．城市问题，2005（4）：7-12．

[19] 吕舟．文化线路构建文化遗产保护网络[J]．中国文物科学研究，2006（1）：59-63．

[20] 单霁翔．关注新型文化遗产——文化线路遗产的保护[J]．中国文物科学研究，2009（3）：12-23．

[21] 王景慧．文化线路的保护规划方法[J]．中国名城，2009（7）：10-13．

[22] 王建波，阮仪三．作为遗产类型的文化线路——《文化线路宪章》解读[J]．城市规划学刊，2009（4）：86-92．

[23] 丁援．国际古迹遗址理事会（ICOMOS）文化线路宪章[J]．中国名城，2009（5）：51-56．

[24] 丁援．无形文化线路理论研究[D]．武汉：华中科技大学，2007．

[25] 丁援．文化线路有形与无形之间[M]．南京：东南大学出版社，2011．

[26] 杜晓帆．愿望与挑战——从世界遗产的视点看文化线路的真实性和完整性[A]//北京大学，北京市教育委员会，韩国高等教育财团．北京论坛（2014）文明的和谐与共同繁荣——中国与世界：传统、现实与未来："古今丝绸之路：跨文明的交流、对话与合作"专场论文及摘要集[C]．北京大学，北京市教育委员会，韩国高等教育财团：北京大学北京论坛办公室，2014：2．

[27] 刘科彬，沈山．世界文化线路遗产特征与价值研究[J]．世界地理研究，2017，26（6）：143-153．

[28] 张松．文化线路保护的区域性策略探讨[A]．中国城市规划学会．和谐城市规划——2007中国城市规划年会论文集[C]．中国城市规划学会：中国城市规划学会，2007：5．

[29] 郭璇，杨浩祥．文化线路的概念比较——UNESCO WHC、ICOMOS、EICR相关理念的不同[J]．西部人居环境学刊，2015，30（2）：44-48．

[30] 王晶．文化线路申报世界遗产的探讨[J]．中国文物科学研究，2011（1）：9-13．

[31] 王丽萍．文化线路：理论演进、内容体系与研究意义[J]．人文地理，2011，26（5）：43-48．

[32] 姚雅欣，李小青．"文化线路"的多维度内涵[J]．文物世界，2006（1）：9-11．

[33] 杨珂珂．文化线路遗产价值评价特性分析[D]．北京：中国建筑设计研究院，2009．

[34] 丁援，宋奕．中国文化线路遗产[M]．上海：中国出版集团东方出版中心，2015．

[35] 戴湘毅，李为，刘家明．中国文化线路的现状、特征及发展对策研究[J]．中国园林，2016，32（9）：77-81．

[36] 阮仪三，丁援．价值评估、文化线路和大运河保护[J]．中国名城，2008（1）：38-43．

[37] 周剑虹．文化线路保护管理研究[D]．西安：西北大学，2011．

[38] 王志芳，孙鹏．遗产廊道——一种较新的遗产保护方法[J]．中国园林，2001（5）：86-89．

[39] 奚雪松，陈琳．美国伊利运河国家遗产廊道的保护与可持续利用方法及其启示[J]．国际城市规划，2013，28（4）：100-107．

[40] 龚道德，张青萍．美国国家遗产廊道（区域）模式溯源及其启示[J]．国际城市规划，2014，29（6）：81-86．

[41] 龚道德，张青萍．美国国家遗产廊道的动态管理对中国大运河保护与管理的启示[J]．中国园林，2015，31（3）：68-71．

[42] 龚道德，袁晓园，张青萍．美国运河国家遗产廊道模式运作机理剖析及其对我国大型线

性文化遗产保护与发展的启示[J]. 城市发展研究, 2016, 23（1）: 17-22.

[43] 梁洁. 城乡规划遗产廊道研究信息统计分析[J]. 规划师, 2013, 29（S2）: 272-276.

[44] 张定青, 王海荣, 曹象明. 我国遗产廊道研究进展[J]. 城市发展研究, 2016, 23（5）: 70-75.

[45] 张镒, 柯彬彬. 我国遗产廊道研究述评[J]. 世界地理研究, 2016, 25（1）: 166-174.

[46] 高晨旭, 李永乐. 我国遗产廊道研究综述[J]. 昆明理工大学学报（社会科学版）, 2018, 18（3）: 101-108.

[47] 李伟, 俞孔坚, 李迪华. 遗产廊道与大运河整体保护的理论框架[J]. 城市问题, 2004（1）: 28-31, 54.

[48] 朱强. 京杭大运河江南段工业遗产廊道构建[D]. 北京: 北京大学, 2007.

[49] 俞孔坚, 奚雪松. 发生学视角下的大运河遗产廊道构成[J]. 地理科学进展, 2010, 29（8）: 975-986.

[50] 王建国, 杨俊宴. 历史廊道地区总体城市设计的基本原理与方法探索——京杭大运河杭州段案例[J]. 城市规划, 2017, 41（8）: 65-74.

[51] 王思思, 李婷, 董音. 北京市文化遗产空间结构分析及遗产廊道网络构建[J]. 干旱区资源与环境, 2010, 24（6）: 51-56.

[52] 王肖宇. 基于层次分析法的京沈清文化遗产廊道构建[D]. 西安: 西安建筑科技大学, 2009.

[53] 王丽萍. 文化遗产廊道构建的理论与实践——以滇藏茶马古道为例[J]. 南方文物, 2012（4）: 190-193.

[54] 李博, 甘恬静, 韩诗洁. 基于层次分析法的文化线路遗产价值评价研究——以万里茶道资江段为例[J]. 中外建筑, 2018（12）: 41-43.

[55] 王绵厚, 朴文英. 中国东北及东北亚古代交通史[M]. 沈阳: 辽宁人民出版社, 2016.

[56] 王绵厚, 李健才. 东北古代交通[M]. 沈阳: 沈阳出版社, 1990.

[57] 李健才. 明代东北驿站考[J]. 社会科学战线, 1981（2）: 182-188.

[58] 杨正泰. 明代驿站考[M]. 上海: 上海古籍出版社, 2006.

[59] 杨旸. 明代辽东都司[M]. 郑州: 中州古籍出版社, 1988.

[60] 时仁达. 明代辽东驿递的日常运作与演变[J]. 边疆经济与文化, 2012（4）: 166-168.

[61] 刘文鹏. 论清代东北驿站功能的发展[J]. 吉林师范大学学报（人文社会科学版）, 2003（2）: 49-54.

[62] 史曦禹. 明代辽东地区驿站研究[D]. 大连: 辽宁师范大学, 2014.

[63] 王禹浪, 芦珊珊. 辽东地名考[J]. 黑龙江民族丛刊, 2011（1）: 65-69.

[64] （明）毕恭. 辽东志. 卷一. 辽海丛书. 第一册[M]. 沈阳: 辽海书社, 1985: 354b.

[65] 辞海1999年缩印本（音序）[Z]. 上海: 上海辞书出版社, 2002: 1290.

[66] 杨正泰. 明代驿站考[M]. 上海: 上海古籍出版, 2006.

[67] 镇雪锋. 文化遗产的完整性与整体性保护方法[D]. 上海: 同济大学, 2007.

[68] 许树柏. 实用决策方法: 层次分析法原理[M]. 天津: 天津大学出版社, 1988.

[69] 关于历史性纪念物修复的雅典宪章[A]//联合国教科文组织世界遗产中心, 国际古迹遗址理事会, 国际文物保护与修复研究中心, 中国国家文物局. 国际文化遗产保护文件选编[C]. 北京: 文物出版社, 2009: 1.

[70] 威尼斯宪章[A]//联合国教科文组织世界遗产中心, 国际古迹遗址理事会, 国际文物保护与修复研究中心, 中国国家文物局. 国际文化遗产保护文件选编[C]. 北京: 文物出版

社，2009：52.

[71] 关于保护受到公共或私人工程危害文化财产的建议[A]//联合国教科文组织世界遗产中心，国际古迹遗址理事会，国际文物保护与修复研究中心，中国国家文物局．国际文化遗产保护文件选编[C]．北京：文物出版社，2009：55.

[72] 关于在国家一级保护文化和自然遗产的建议关于保护受到公共或私人工程危害文化财产的建议[A]//联合国教科文组织世界遗产中心，国际古迹遗址理事会，国际文物保护与修复研究中心，中国国家文物局．国际文化遗产保护文件选编[C]．北京：文物出版社，2009：80.

[73] 阿姆斯特丹宣言[A]//联合国教科文组织世界遗产中心，国际古迹遗址理事会，国际文物保护与修复研究中心，中国国家文物局．国际文化遗产保护文件选编[C]．北京：文物出版社，2009：80.

[74] 建筑遗产欧洲宪章[A]//联合国教科文组织世界遗产中心，国际古迹遗址理事会，国际文物保护与修复研究中心，中国国家文物局．国际文化遗产保护文件选编[C]．北京：文物出版社，2009：110.

[75] 镇雪锋．文化遗产的完整性与整体性保护方法[D]．上海：同济大学，2007.

[76] 华盛顿宪章[A]//联合国教科文组织世界遗产中心，国际古迹遗址理事会，国际文物保护与修复研究中心，中国国家文物局．国际文化遗产保护文件选编[C]．北京：文物出版社，2009：128.

[77] 历史性城市景观宣言[A]//联合国教科文组织世界遗产中心，国际古迹遗址理事会，国际文物保护与修复研究中心，中国国家文物局．国际文化遗产保护文件选编[C]．北京：文物出版社，2009：331.

[78] 西安宣言[A]//联合国教科文组织世界遗产中心，国际古迹遗址理事会，国际文物保护与修复研究中心，中国国家文物局．国际文化遗产保护文件选编[C]．北京：文物出版社，2009：374.

[79] 百度百科．线性文化遗产[EB/OL].https://baike.baidu.com/.2016-11-16.

[80] 丁援．国际古迹遗址理事会（ICOMOS）文化线路宪章[J]．中国名城，2009（5）：51-56.

[81] 国际古迹遗址理事会文化线路科学委员会（CIIC).国际古迹遗址理事会（ICOMOS）文化线路宪章[Z]．魁北克，2008.

[82] Charles A. Flink, Robert M. Searns. greenways[M]. Washington: Island Press, 1993.

[83] 查尔斯·E·利特尔．美国绿道[M]．北京：中国建筑工业出版社，2013.

[84] 文化线路．http://www.culture-routes.lu.

[85] 王恩涌．人文地理学[M]．北京：高等教育出版社，2007.

[86] Carl O. Sauer. The Morphology of Landscape [M]. University of California Publications in Geography, 1925: 19-53.

[87] Sauer. CO. Foreword to Historical Geography. In: John Leighly(ed). Land and Life [M]. 5th printing. Berkeley, Los Angeles, London: University of California Press, 1974: 351-379.

[88] 李慧，李芳芳，胡玥．项目管理系统的系统观认识与实践[J]．国土资源信息化，2013（3）：9-11，61.

[89] 张艳玲．历史文化村镇评价体系研究[D]．广州：华南理工大学，2011.

[90] 中国古迹遗址保护协会．实施《保护世界文化和自然遗产公约》的操作指南[Z]．2017年版．

[91] 刘红婴，王建民．世界遗产概论[M]．北京：中国旅游出版社，2003：103-104.

[92] 全国人民代表大会常务委员会．中华人民共和国文物保护法．2017-11-4.

[93] 王子今．驿道史话[M]．北京：社会科学文献出版社，2014：42-44.

[94] 王俊. 中国古代邮驿[M]. 北京：商务印书馆，2017：30-34.
[95] 王子今. 秦汉交通史稿[M]. 北京：中国人民大学出版社，2013：450-451.
[96] 臧嵘. 中国古代驿站与邮传[M]. 北京：中国国际广播出版社，2009：28.
[97] 中华人民共和国第十一届全国人民代表大会常务委员会第十九次会议. 中华人民共和国非物质文化遗产法[Z].2011-2-25.
[98] 孙治让. 周礼正义[M]. 北京：中华书局，1987：991.
[99] 百度百科. 辽宁省[EB/OL].https://baike.baidu.com/.2019-10-1.
[100] 辽宁省政府网站[EB/OL].http://www.ln.gov.cn/zjln/zrgm/.2019-12-5.
[101] 百度百科. 辽宁省人民政府[EB/OL].http://www.ln.gov.cn/zjln/rkymz/.2019-10-1.
[102] 王绵厚，朴文英. 中国东北与东北亚古代交通史[M]. 沈阳：辽宁人民出版社，2014.
[103] 史记. 卷一百一十. 匈奴列传[M]. 北京：中华书局，1982：2885-2886.
[104] 新唐书. 卷四十三. 地理志[M]. 北京：中华书局，1975：1146.
[105]（元）孛兰. 大元大一统志[M]. 卷25. 辽海丛书本. 沈阳：辽海出版社，1970：896.
[106] 云南大学历史系民族历史研究室. 经世大典·站赤. 卷7[M]. 昆明：云南大学历史系民族历史研究室，1979：1162.
[107] 明史. 卷七十二. 职官一·兵部[M]. 北京：中华书局，1974：1753.
[108] 明史. 卷七十五. 职官四[M]. 北京：中华书局，1974：1852.
[109] 刘立强，韩刚，刘海洋. 辽东志[M]. 北京：科学出版社，2016.
[110] 刘立强，韩刚，刘海洋. 全辽志[M]. 北京：科学出版社，2016.
[111] 辽宁省志·地理志·建置志[M]. 沈阳：辽宁民族出版社，2002：155.
[112] 王绵厚. 辽西傍海道和大凌河古道的交通地理与相关史迹考察[J]. 渤海大学学报：哲学社会科学版，2015：23-27.
[113] 崔向东. 辽西走廊变迁与民族迁徙和文化交流[J]. 广西民族大学学报（哲学社会科学版），2012，34（4）：102-108.
[114] 潘桂娥. 辽河口演变分析[J]. 泥沙研究，2005（1）：57-62.
[115] 李德山. 汉文化东传与古代东北社会变迁研究[J]. 古籍整理研究学刊，2016（3）：112-113.
[116] 钟菊梅. 明代辽东残档选编[Z]. 沈阳：辽宁大学出版社，1979：73.
[117] 丁援. 国际古迹遗址理事会（ICOMOS）文化线路宪章[J]. 中国名城，2009（5）：51-56.
[118] 戴湘毅，姚辉. 国际文化线路理念演进及中国的实践[J]. 首都师范大学学报（社会科学版），2017（1）：78-87.
[119] 刘晨. 明代辽东沈阳中卫研究[D]. 沈阳：辽宁大学，2016.
[120] 陈伯超. 地域性融合文化对盛京城空间格局的影响[J]. 城市建筑，2006（8）：16-19.
[121] 新浪微博. 盛京古今[EB/OL].https://weibo.com/.2019-1-8.
[122] 荆绍福. 近代沈阳城市影像（1884—1939）[M]. 沈阳：沈阳出版社，2015.
[123] 朴玉顺，陈伯超. 沈阳故宫木构架中的多民族特征[J]. 沈阳建筑大学学报（社会科学版），2007（3）：257-260.
[124] 王绵厚. 辽西傍海道和大凌河古道的交通地理与相关史迹考察[J]. 渤海大学学报：哲学社会科学版，2015：23-27.
[125] 张军. 中东铁路建筑遗产价值评价研究[M]. 北京：中国建筑工业出版社，2017.
[126] 实施保护世界文化与自然遗产的操作指南[A]//联合国教科文组织世界遗产中心，国际古迹遗址理事会，国际文物保护与修复研究中心，中国国家文物局. 国际文化遗产保护文件选编[C]. 文物出版社，2009：281.

[127] 辽宁省人民政府. 我省加强历史文化名城名镇名村保护[EB/OL]. http://www.ln.gov.cn/zfxx/jrln/wzxx2018/201906/t20190608_3503129.html. 2019-06-08.

[128] 窦博. 东北亚丝绸之路与中国"一带一路"战略的拓展[J]. 人民论坛, 2016 (29): 70-71.

[129] 邓明艳, 罗佳明. 英国世界遗产保护利用与社区发展互动的启示——以哈德良长城为例[J]. 生态经济, 2007 (12): 141-145.

[130] 马贵侠. "共同体"的解构与重构——由腾尼斯的"共同体"与"社会"引发的思考[J]. 长春工业大学学报（社会科学版）, 2006 (3): 37-39.

[131] 华芳. 社会学视角下文化遗产可持续发展的社区角色[A]//中国城市规划学会. 多元与包容——2012中国城市规划年会论文集（12.城市文化）[C]. 中国城市规划学会: 中国城市规划学会, 2012: 967-981.

[132] 王涛, 张立明, 任亮平. 基于社区参与的世界遗产地旅游开发与保护研究[J]. 云南地理环境研究, 2008 (5): 114-116, 125.